悦·读·文·库

请写一则寻找妈妈的寻人启事

温—情—篇

李兴海 主编

江西教育出版社
JIANGXI EDUCATION PUBLISHING HOUSE
·南昌·

图书在版编目(CIP)数据

请写一则寻找妈妈的寻人启事 / 李兴海主编 . -- 南昌 : 江西教育出版社 , 2022.7
(悦读文库)
ISBN 978-7-5705-2987-2

Ⅰ . ①请… Ⅱ . ①李… Ⅲ . ①人生哲学 - 青少年读物
Ⅳ . ① B821-49

中国版本图书馆 CIP 数据核字 (2022) 第 025737 号

请写一则寻找妈妈的寻人启事
QING XIE YIZE XUNZHAO MAMA DE XUNREN QISHI
李兴海　主编
出 品 人：熊　炽
策　　划：李永山
责任编辑：杨心远
责任印制：朱贤民
封面设计：仙　境

江西教育出版社出版（南昌市抚河北路 291 号）
各地新华书店经销
南昌市印刷十二厂有限公司印刷
开本 880 毫米 ×1230 毫米　1/32　印张 6　字数 69 千字
2022 年 7 月第 1 版　2022 年 7 月第 1 次印刷
ISBN 978-7-5705-2987-2
定价：20.00 元

赣教版图书如有印装质量问题，请向我社调换　电话：0791-86710427
投稿邮箱：JXJYCBS@163.com　电话：0791-86705643
网址：http://www.jxeph.com

目　录

第一辑　母亲的梦

第二辑　父亲的秘密

第三辑 饭，吃不下去就回家

第一辑　母亲的梦

我站起身，掀起门帘，看到母亲仍在安睡。忽地，母亲的嘴角微微上扬，似乎在做一个甜蜜的梦……

我的母亲

老　舍

母亲的娘家是北平德胜门外，土城儿外边，通大钟寺的大路上的一个小村里。村里一共有四五家人家，都姓马。大家都种点不十分肥美的地，但是与我同辈的兄弟们，也有当兵的，做木匠的，做泥水匠的，和当巡察的。他们虽然是农家，却养不起牛马，人手不够的时候，妇女便也须下地做活。

对于姥姥家，我只知道上述的一点。外公外婆是什么样子，我就不知道了，因为他们早已去世。至于更远的族系与家史，就更不晓得了。穷人只能顾眼前的衣食，没有功夫谈论什么过去的光荣；“家谱”这字眼，我在幼年就根本没有听说过。

母亲生在农家，所以勤俭诚实，身体也好。这一点事实却极重要，因为假若我没有这样的一位母亲，我以为我恐怕也就要大大地打个折扣了。

母亲出嫁大概是很早，因为我的大姐现在已是六十多岁的老太婆，而我的大外甥女还长我一岁啊。我有三个哥哥，四个姐姐，但能长大成人的，只有大姐、二姐、三姐、三哥与我。我是“老”儿子。生我的时候，母亲已有四十一岁，大姐二姐已都出了阁。

由大姐与二姐所嫁入的家庭来推断，在我生

下之前，我的家里，大概还马马虎虎的过得去。那时候订婚讲究门当户对，而大姐丈是做小官的，二姐丈也开过一间酒馆，他们都是相当体面的人。

可是，我，我给家庭带来了不幸：我生下来，母亲晕过去半夜，才睁眼看见她的“老”儿子——感谢大姐，把我揣在怀中，致未冻死。

一岁半，我把父亲“克”死了。

兄不到十岁，三姐十二三岁，我才一岁半，全仗母亲独力抚养了。父亲的寡姐跟我们一块儿住，她吸鸦片，她喜摸纸牌，她的脾气极坏。为我们的衣食，母亲要给人家洗衣服，缝补或裁缝衣裳。在我的记忆中，她的手终年是鲜红微肿的。白天，她洗衣服，洗一两大绿瓦盆。她做事永远丝毫也不敷衍，就是屠户们送来的黑如铁的布袜，她也给洗得雪白。晚间，她与三姐抱着一盏油灯，还要缝补衣服，一直到半夜。她终年没有休息，可是在忙碌中她还把院子屋中收拾得清清爽爽。桌椅都是旧的，柜门的铜活久已残缺不全，可是她的手老使破桌面上没有尘土，残破的铜活发着光。院中，父亲遗留下的几盆石榴与夹竹桃，永远会得到应有的浇灌与爱护，年年夏天开许多花。

哥哥似乎没有同我玩耍过。有时候，他去读书；有时候，他去学徒；有时候，他也去卖花生或樱桃之类的小东西。母亲含着泪把他送走，不到两天，又含着泪接他回来。我不明白这都是什么事，而只觉得与他很生疏。与母亲相依为命的是我与三姐。因此，她们做事，我老在后面跟着。她们浇花，我也张罗着取水；她们扫地，我就撮土……从这里，我学得了爱花、爱清洁、守秩序。这些习惯至今还被我保存着。

有客人来，无论手中怎么窘，母亲也要设法

弄一点东西去款待。舅父与表哥们往往是自己掏钱买酒肉食，这使她脸上羞得飞红，可是殷勤地给他们温酒做面，又给她一些喜悦。遇上亲友家中有喜丧事，母亲必把大褂洗得干干净净，亲自去贺吊——份礼也许只是两吊小钱。到如今如我的好客的习性，还未全改，尽管生活是这么清苦，因为自幼儿看惯了的事情是不易改掉的。

姑母常闹脾气。她单在鸡蛋里找骨头。她是我家中的阎王。直到我入了中学，她才死去，我可是没有看见母亲反抗过。“没受过婆婆的气，还不受大姑子的吗？命当如此！”母亲在非解释一下不足以平服别人的时候，才这样说。是的，命当如此。母亲活到老，穷到老，辛苦到老，全是命当如此。她最会吃亏。给亲友邻居帮忙，她总跑在前面：她会给婴儿洗三——穷朋友们可以因此少花一笔“请姥姥”钱——她会刮痧，她会给孩子们剃头，她会给少妇们绞脸……凡是她能做的，都有求必应。但是吵嘴打架，永远没有她。她宁吃亏，不逗气。当姑母死去的时候，母亲似乎把一世的委屈都哭了出来，一直哭到坟地。不知道哪里来的一位侄子，声称有承继权，母亲便一声不响，教他搬走那些破桌子烂板凳，而且把姑母养的一只肥母鸡也送给他。

可是，母亲并不软弱。父亲死在庚子闹“拳”的那一年。联军入城，挨家搜索财物鸡鸭，我们被搜两次。母亲拉着哥哥与三姐坐在墙根，等着“鬼子”进门，街门是开着的。“鬼子”进门，一刺刀先把老黄狗刺死，而后入室搜索。他们走后，母亲把破衣箱搬起，才发现了我。假若箱子不空，我早就被压死了。皇上跑了，丈夫死了，鬼子来了，满城是血光火焰，可是母亲不怕，她要在刺刀下，饥荒中，保护儿女。北平有多少变乱啊，有时候兵变了，街市整条的烧起，火团落在我们院中。有时候内战了，城门紧闭，铺店关门，昼夜响着枪炮。这惊恐，这紧张，再加上一家饮食的筹划，儿女安全的顾虑，岂是一个软弱的老寡妇所能受得起的？可是，在这种时候，母亲的心横起来，她不慌不哭，要从无办法中想出办法来。她的泪会往心中落！这点软而硬的个性，也传给了我。我对一切人与事，都取和平的态度，把吃亏看作当然的。但是，在做人上，我有一定的宗旨与基本的法则，什么事都可将就，而不能超过自己划好的界限。我怕见生人，怕办杂事，怕出头露面；但是到了非我去不可的时候，我便不得不去，正像我的母亲。从私塾到小学，到中学，我经历过起码有廿位教师吧，其中有给我很大影响的，也有毫无影响的，但是我的真正的教师，把性格传给我的，是我的母亲。母亲并不识字，她给我的是生命的教育。

当我在小学毕了业的时候，亲友一致地愿意我去学手艺，好帮助母亲。我晓得我应当去找饭吃，以减轻母亲的勤劳困苦。可是，我也愿意升学。我偷偷地考入了师范学校——制服，饭食，书籍，宿处，都由学校供给。只有这样，我才敢对母亲提升学的话。入学，要交十元的保证金。这是一笔巨款！母亲做了半个月的难，把这巨款筹到，而后含泪把我送出门去。她不辞劳苦，只要儿子有出息。当我由师范毕业，而被派为小学校校长，母亲与我都一夜不曾合眼。我只说了句："以后，您可以歇一歇了！"她的回答只有一串串的眼泪。我入学之后，三姐结了婚。母亲对儿女是都一样疼爱的，但是假若她也有点偏爱的话，她应当偏爱三姐，因为自父亲死后，家中一切的事情都是母亲和三姐共同撑持的。三姐是母亲的右手。但是母亲知道这右手必须割去，她不能为自己的便利而耽误了女儿的青春。当花轿来到我们的破门外的时候，母亲的手就和冰一样的凉，脸上没有血色——那是阴历四月，天气很暖。大家都怕她晕过去。可是，她挣扎着，咬着嘴唇，手扶着门框，看花轿徐徐地走去。不久，姑母死了。三姐已出嫁，哥哥不在家，我又住学校，家中只剩母亲自己。她还须自晓至晚地操作，可是终日没人和她说一句话。新年到了，正赶上政府倡用阳历，不许过旧年。除夕，我请了两小时的假。由拥挤不堪的街市回到清炉冷灶的家中。母亲笑了。及至听说我还须回校，她愣住了。半天，她才叹出一口气来。到我该走的时候，她递给我一些花生："去吧，小子！"街上是那么热闹，我却什么也没看见，泪遮迷了我的眼。今天，泪又遮住了我的眼，又想起当日孤独地过那凄惨的除夕的慈母。可是慈母不会再候盼着我了，她已入了土！

儿女的生命是不依顺着父母所设下的轨道一直前进的，所以老人总免不了伤心。我廿三岁，母亲要我结了婚，我不要。我请来三姐给我说情，老母含泪点了头。我爱母亲，但是我给了她最大的打击。时代使我成为逆子。廿七岁，我上了英国。为了自己，我给六十多岁的老母以第二次打击。在她七十大寿的那一天，我还远在异域。那天，据姐姐们后来告诉我，老太太只喝了两口酒，很早的便睡下。她想念她的幼子，而不便说出来。

七七抗战后，我由济南逃出来。北平又像庚子那年似的被鬼子占据了，可是母亲日夜惦念的幼子却跑西南来。母亲怎样想念我，我可以想象得到，可是我不能回去。每逢接到家信，我总不敢马上拆看，我怕，怕，怕，怕有那不祥的消息。人，即使活到八九十岁，有母亲便可以多少还有点孩子气。失了慈母便像花插在瓶子里，虽然还有色有香，却失去了根。有母亲的人，心里是安定的。我怕，怕，怕家信中带来不好的消息，告诉我已是失了根的花草。

去年一年，我在家信中找不到关于老母的起居情况。我疑虑，害怕。我想象得到，如有不幸，家中念我流亡孤苦，或不忍相告。母亲的生日是在九月，我在八月半写去祝寿的信，算计着会在寿日之前到达。信中嘱咐千万把寿日的详情写来，使我不再疑虑。十二月二十六日，由文化劳军的大会上回来，我接到家信。我不敢拆读。就寝前，我拆开信，母亲已去世一年了！

生命是母亲给我的。我之能长大成人，是母亲的血汗灌养的。我之能成为一个不十分坏的人，是母亲感化的。我的性格，习惯，是母亲传给的。她一世未曾享过一天福，临死还吃的是粗粮。唉！还说什么呢？心痛！心痛！

亲情是这个世界上最真挚的感情，父母的一言一行总会影响我们一生，我们在父母的陪伴下成长，愿父母也能在我们的陪伴下慢慢老去。

母亲的贺卡

李雪峰

那是许多年前的事了，当时他刚刚二十岁，跑到南方一个海滨城市做生意，没想到生意彻底赔了，血本无归不说，还债台高筑，连回家的路费也没有了。

就要到春节了，他想了又想，给母亲写了最后一封信说，如果他春节不回家，可能将永远不会回家了，请老人珍重，忘掉他这个不争气的儿子。他那远在北方偏僻农村的母亲收到他这封沮丧又绝望的信，悲伤地哭了很久。这个世界上，她最牵挂的，就是这唯一的儿子，他是她的魂啊。

母亲找来邻居家的一个孩子，又从抽屉里找到一张已经有些泛黄的贺卡，让那孩子代笔，在贺卡上歪歪扭扭写上了一行留言：孩子，你不回家，妈也不想再活了。

母亲拄着拐杖赶到几十里外的镇上，把那张贺卡丢进镇上小邮电所外那个绿漆斑驳的邮筒里。那天的雪真大啊，风也刮得呼呼作响，从村里到镇上，母亲摔了几次跤，纷纷扬扬的大雪，几乎把母亲裹成一个笨笨的雪人了。

天刚擦黑的时候，小邮电所的分发室里，几个人正点着几盏油灯在分拣信件，一个年轻的女营业员首先看到了那张贺卡，她说：“咦，这张贺卡怎么不贴邮票呢？”的确，那是一张需要贴邮票的老式贺卡，已经有些发黄了。这样的贺卡早就没用了。女营业员看了贺卡上的留言，将已举到废纸篓旁的手缩了回来，对老所长说：“您看，这张没贴邮票的贺卡。”头发灰白的老所长眯着眼睛仔细看了看那泛黄的贺卡，一双本来就有些哆嗦的手更哆嗦了，他说：“这张贺卡就是没贴邮票也不能退回原址，更不能扔，我们要马上把它投出去。”老所长一脸凝重的神色。

第二天早上四点多，老所长就骑着他那辆和他看上去一样老的自行车上路了。本来，按照往常的习惯，这么大的雪，天气又这样冷，所里是可以不去县城送或者取邮件的。七八十里的山路，白雪皑皑的，路上的积雪太厚，又很少有行人，这样的行程太危险。但老所长看着没贴邮票的贺卡，仿佛看见了两条站在悬崖边上的生命。绝望的孩子，还有抱着仅仅一丝希望的一位老母亲……老所长的眼眶湿了，他顾不上自己那天一冷就隐隐作痛的老寒腿，把那张没贴邮票的贺卡掖在贴胸的口袋里，骑上车就趔趔趄趄地冒着纷纷扬扬的大雪上路了。

天黑的时候，棉袄和眉毛上落满白雪的老所长终于赶到了县城。他匆忙停好车子就一溜风似的跑进邮局的信件分发室。分发室的人很惊讶地说："这么大的雪您还跑什么，不想要您那半拉子老命了？"老所长笑了笑，顾不上喝一口热茶暖暖身子，就从贴身的口袋里掏出那张贺卡说："这贺卡忘贴邮票了，但它拴着两条人命呢，说什么我们都要把它投出去！"分发室的人一一接过那张还有着老所长体温的贺卡，传着看了看说："寄，马上就寄，这张贺卡一点儿都不能耽误！"他们

“啪”地在贺卡上砸上了黑亮的邮戳，想想又在那张贺卡的空白边缘上郑重地写下了一行小字儿：这是一张很重要的贺卡，望能迅速投递！落款是邮局全体同仁。在落款上，他们又盖上了一枚黑亮的邮戳。

雪还在纷纷扬扬地下着，但夜里十点多，邮车却上路了。这是邮车第一次走夜路，何况还飘着那么大的雪。局长让胖胖的司机看了看那张贺卡，问：“什么时间往市邮局送？”

胖司机笑笑说：“您别将我的军，我还能不知道什么时候送？这张贺卡，今夜不投递到市邮局里去，我的觉就甭想睡得着了！”局长拍拍胖司机的肩膀，招呼了两个年轻人随车一起去，再三叮嘱他们说：“今晚一定要送到市局去！”

炽亮的车灯照在地上的积雪上，比白天的阳光还耀眼，邮车摇摇晃晃地冒着大雪上路了。

黎明时分，邮车终于停在了市邮局大门口，胖司机亲手提着那件装着这张贺卡的邮包走到分发室。市邮局的人很诧异：什么十万火急的邮件啊，竟冒着大雪和危险连夜赶来？胖司机取出那张没贴邮票的贺卡说：“赶不上你们今早的分发，今年的春节我也甭想过得踏实。”市邮局的人看了贺卡，迅速分拣好，拍拍胖司机的肩膀说：“八点准时让它上火车，耽误了它，我们和老兄你一样心里很难踏实！”

八点的时候，那张贺卡和一些邮件被准时送到了远去的火车上，开始了它新一程的传递……

他是在四天之后的深夜收到母亲的这张贺卡的。那时，他已蜷缩在一个偏僻小旅馆里的通铺上睡熟了。睡眼惺忪的旅店老板叫醒了他说：“有你一个邮件，我让邮递员给我，我转交给你就行，但邮递员非要亲手交给你。”

跑得汗津津的邮递员说："本来这张贺卡是明天早上送的，但既然今天晚上就分到我的邮包里，今天晚上不送到你手上，我这心里就不踏实。"说着，就把那张辗转了万里的贺卡递给了他。

"怎么，没贴邮票？"他看了看手中的那张贺卡愣了。"是没贴邮票，可它就这么一程一程地投递过来了。"邮递员微笑着望着他说。他看看贺卡上母亲的留言和边缘空白处那行陌生人留下的小字，"哇"的一声哭了。旅店里的其他旅客听到他的号啕大哭都纷纷披衣围了过来，大家默默地传递着看了那张泛黄的、没有贴邮票的贺卡，默默地掏出钱放到他的面前说："回家去吧，你妈妈在家等着你呢！"那一堆钱有10块的、5块的、1块的，还有角票和许多硬币，他知道，住到这个地方的人，都是经济不太宽裕的人。

怀揣着那张贺卡，他终于踏上了北归的列

车。如今，年过四十的他，已是北方一个大公司的总经理了，他和善，乐于助人，似乎他开公司不是为了赚钱，只是为了给人雪中送炭。他的办公桌上，总放着那张泛黄的用玻璃镶起来的贺卡。

只有他知道，爱是一个人一个人，一程程一程程传递过来的，就像一种生命的接力。当初，那张贺卡没贴邮票，但依旧传到了他手中。那么多陌生人将爱传到了他手上，把爱传下去，也就成了他一生的任务。爱，是通行于世界的一张邮票。如果把爱的心灵一颗一颗地串起来，那世界将是多么璀璨的一串水晶啊！

没事的时候，他常常默默凝视那张母亲的贺卡，那张没有邮票的贺卡，眼里涌满泪水——为母亲，也是为那些直到现在他仍不知道名字的人们，也许，更是为了生命之间那些闪烁着爱的光芒的心灵吧！

爱，是不会被忘记的。

我们在人生的旅途上总会遭遇阴霾，但是爱是我们走出阴霾最大的助力。

请写一则寻找妈妈的寻人启事

李　峥

作文课。老师教完了应用文写作后，当场给学生们布置了一个题目：假设自己的妈妈丢了，请每一个人写一则寻人启事。老师还给每个同学发了一份寻人启事样本，大家可以照葫芦画瓢，但是，里面的内容必须根据自己母亲的真实情况撰写。

同学们似乎还没有反应过来。自己的妈妈丢了，写一则寻人启事？面对着寻人启事样本，同学们一时都不知道该如何下笔。

见同学们都没什么动静，老师说："这样吧，我再讲一遍寻人启事的要点，大家一边听，一边写。首先，写下丢失人的姓名。"

大家埋头在纸上写了自己妈妈的名字。

老师说："性别。"

女。大家唰唰写下。

"丢失人年龄。"老师的话音刚落，班级里就炸开了锅。有人说，"我妈好像 42 岁了吧"。有人说，"我妈妈从来没告诉过我她多大啊"。有人说，"我今年 14 岁，我妈妈该有三十八九岁了吧"。几十个同学，竟然没有一个人能够准确地说出自己妈妈的年龄。

老师摇摇头："年龄先空着吧。下面是最重要的部分，请写出丢失人的体貌特征。”

“我妈妈特别爱唠叨……”“我妈妈很勤快，每天都要洗很多衣服，还要做饭，搞卫生……”“我妈妈总是要管我，连电视都不让我看，说我浪费时间……”“我妈妈最疼我了，有什么好吃的都留给我……”大家七嘴八舌，似乎对自己的母亲很了解。老师打断了大家的话：“同学们说的，也许是你们母亲的特点，但是，现在要请大家写的是母亲的体貌特征，比如脸上有颗痣，手背上面有道伤疤，腰杆有点弯曲什么的。”

同学们停止了议论，歪着脑袋，努力回想着妈妈的形象。每天都见到的妈妈，到底有些什么体貌特征呢？脸上有没有长痣？好像是有的，但想不起来在哪了。妈妈干活时，经常会受伤，可是，哪儿留下过伤疤，倒真的没注意过。妈妈的腰杆这几年确实有点弯曲了，总是直不起来，可能是太累了的缘故吧？可是，好像每个人的母亲都是这样的啊，这也算是体貌特征吗？

同学们勉强写下了几个特征，既像是自己母亲的，又好像不是。

老师说：“请同学们再写下，今天妈妈穿的是什么样的衣服和鞋子。如果妈妈真的丢了，那么，最后离开家时穿的衣服和鞋子，将是很重要的辨认依据。”

班级里再次炸开了锅。穿着干净、漂亮衣服的同学们，叽叽喳喳地议论开了：哪个同学早上新穿了一双运动鞋，大家立即注意到了；最喜欢的那个电影明星，喜欢穿什么样式什么牌子的衣服，大家也总是一清二楚……可是，早上和自己一起出门，甚至骑着车子将自己送到学校门口的妈妈，穿着什么颜色、什么样式的衣服和鞋子，却真的没有留意，也从来没有留意过。

作文课彻底上不下去了，一则简单的寻人启事，竟然没有一个同学能写得完整、准确。老师最后面色凝重地对大家说："不是寻人启事难写，是大家对自己的妈妈根本就不关注、不了解。"

儿子盯着我，盯着我，似乎要把我深深地刻印在脑海中。他告诉了我今天发生在作文课上的事情。我相信，在那堂作文课上，儿子一定受到了很大的震撼。我摸着儿子的头，告诉他，天底下的爸爸和妈妈，都是用心去看自己的孩子的，所以，孩子的每一个细小动作，都逃不过父母的眼睛。记住爸爸妈妈其实一点也不难，只要用心，就足够了。

眼睛看到的会漠视或者忘记，而用心记住的，会珍藏一生。

每天与我们相处最多的父母往往是最容易被我们忽略的存在，或许我们用心一点，会发现父母同样需要我们的关注和爱。

水一样的声音

若　荷

因工作需要，我调入单位一个新科室。报到的第一天，我便听到同事们谈论自己的孩子。她们都是三十岁出头，孩子才上小学或幼儿园的年轻母亲。

一位同事说，她的女儿学习成绩很不错，学习态度很认真。另一个同事讲，她的女儿业余爱好广泛，喜欢唱歌跳舞，她用舒缓的语气描述女儿在参加某次学校组织的歌咏比赛时她的心情，并展示女儿历次参加活动的留影给我们看。女儿的各种神态被她巧妙地摄入相机，存放在了电脑里。我们一边羡慕地看着她女儿的照片，一边叹息着自己的红颜老去。

我们给她出主意说做成相册吧，等到她的女儿长大成人或出阁的时候，这便是送给她的最好的礼物。

有一次，她在网上搜索女儿爱唱的歌的歌词，打印了许多份，我们每人要了一份。拿着歌词的她说她也会唱一点点，我们就鼓励她唱几句。正是中午休息时间，她就轻声哼唱起来，一边唱，一边说是跟女儿学的，唱不好，她女儿唱得才好听。“小孩子嘛，总比大人强，唱出来的声音就和水一样。”

“水一样的声音？”我惊讶于她用了这样一个

生动而别致的形容。她不说女儿的歌声有多“嘹亮”，不说有多“甜美”，而是用了“水一样的声音”来形容那种只属于孩子的纯净。

我在心里默默沉吟了一会，用“嘹亮”“甜美”等词语与“水一样的声音”反复比较了一下，发觉同样是形容歌声，前面的几种形容给人的感觉特别单薄。

下班时间快到了，她的女儿准时来办公室取歌词。她上三年级的女儿虽然娇小，却有一副小大人的模样，显得很懂事。大家为她女儿鼓掌，鼓励她现场给我们唱首歌。小女孩就真的大胆唱起来，纯净的童声里是没有杂质的稚嫩，那声音就如同不加和弦的琴声，叮叮咚咚，每一个音符都那么干脆，那么清晰入耳。孩童的天然歌喉，果然是毫不修饰的“水一样”的质地。

已经很少有机会听到这样的童声了。曾经做

过幼儿教师的我，自从离开幼教岗位，每天面对纷乱的工作以及抛不开的种种烦恼，再也没有停下匆忙的脚步静下心来饶有兴味地欣赏一下孩子们的歌声的机会。看着女孩在我们的称赞下愉快的模样，以及同事含而不露、温馨可亲的笑容，我的心中突然涌上一阵莫名的感伤。

小女孩唱的歌里有这样一段歌词：“看风筝飞多远未断线/看一生万里路路遥漫漫/看牺牲的脚步尽化温暖/暖的心爱追忆你的微笑/滔滔风雨浪/心声相碰撞……”优美婉转的乐曲和歌声已深深地将我打动，而比词曲更能打动我的，是同事称赞孩子的那句“水一样的声音”。是啊，一声赞美，一份欣赏，对那些正在灿烂成长的孩子来说，何其重要！欣赏便是一种喜欢，一种陶冶，一种播种，更是一种收获。欣赏的本质是热爱。母亲欣赏孩子，就像欣赏心中的太阳，种下的是信心，收获的是灿烂。这种母亲眼里纯朴的欣赏观，有助于使更多的人全力以赴地来架起由平凡此岸通往辉煌彼岸的桥梁。

“我爱您！妈妈，您从来不说我比别的孩子差；您总是在我做的事情中，寻找值得赞许的地方；我怀念和您在一起的所有时光。”比尔·盖茨说。原来，这位大器早成、独步天下的亿万富翁，从他母亲那里得到了一份珍贵的礼物——欣赏。

“水一样的声音”，看似与爱无关，却是母亲对孩子的一片关怀，裹藏着母亲对孩子的褒扬，以及母亲对孩子的一份爱。这由衷的、充满了母爱的光辉的赞赏！

母亲对孩子的爱应该更多地表现为母亲发自心底的对孩子的称赞与支持。母亲的欣赏与肯定永远是给孩子的最珍贵的礼物。

月亮堂堂

许冬林

月到中秋，分外清白而圆润，挂在远天上，像刚从豆芽缸里捞上来一样，又白又胖。

记忆中，每每这时候，我奶奶会站在门旁，对着浩瀚天空里的那一轮皓月，很抒情地叹道：“月亮——堂堂哦！”于是掇条长凳放在门前的场地上。她坐在一片奶白色的月光里，周身晕染一层茸茸的白光，像莲花上的观音。

我喜欢我奶奶那“月亮堂堂”四个字，多年后再在嘴边咀嚼，只觉得有一片浩茫而澄澈的月光，那样广大无边地覆下来。人世乾坤，堂堂中正，就连月色里夜游的飞蛾与蚂蚁，都能在这蛋清样的月夜里，觉出尘世的清明与平和，还有悄悄的说不出的欢欣与满足。

月亮堂堂的夜晚，奶奶喜欢坐在门前的石阶上剥豆。豆是种在田埂上，或者无人耕种的河畈上，个个豆荚长得肚大腰圆，得意满满。黄昏时，奶奶从河畈或田埂上背一大捆豆秆回家，堆在场地上或者屋檐下。晚饭吃过，吹了油灯，只见月光无限慷慨地洒下来，铺在门前的石阶上。奶奶坐在那月色里剥起豆来，安静无声的，只是每过那么一会儿，会扔一棵已剥完的豆秆，再抽出另一棵，如此往复，不缓不急。没有什么会惊扰得她停下，也没有什么会催着她赶紧。剥豆的奶奶和月光一起构成一幅人间的画儿，安详而明朗——是月光，把一个乡间老妪最普通的劳动，注解成人间美丽的图画。

有一年仲秋时节的夜里，是下半夜，我口渴了，爬起来到厨房找水喝。趿着一双凉软的布鞋，朦朦胧胧来到厨房，我立时惊呆了——好一片月色！那一片仲秋后半夜的月光，透过厨房窗子上的玻璃纸，满满覆在锅灶上，满得要溢出来，分外的明净与纯正。厨房也仿佛被这一大块月光清洗了一样：锅铲子亮得灼眼；平日里黑黝黝的松木锅盖，这一刻显得那样洁净与沉静，横躺在锅沿上，竟像入了禅。厨房里，没有月光的地方，还是一片潮润润的幽暗。幽暗的水缸底下，蛐蛐儿叫得正欢。那唧唧虫声虽在暗处，却也有月光的清明与澄澈。我提起瓢子舀了半瓢水，水里也晃动着一小块光亮。我欢喜地把水喝下，连同那一小块晃动的光亮，只觉得自己也通体透明而洁净。那一个后半夜里，我也有了月亮的光明与美好。我身体的这个小宇宙，角角落落，都得了月光朗照。白日里的不快、人前藏不住的慌乱与卑微，都在这月光里消融不见。

我忍不住开了门，走到屋外去，四隅一片沉静。我走在一片清凉的月色与清亮的虫声里，只觉得如步莲花上。隔壁人家的房顶，远处黛色的田野，都笼在一片清清浅浅的乳白色里。月如霜啊，千里万里，无边无际。抬头看中天，星辰如贝壳铺在沙滩上，银河浩荡，伴同西边那皎皎一轮，十万光明就这样洒在人间处处，却又这样无声无息，没有惊扰。我心里有无边的欢喜和宁静，可是说不出来，仿佛置身在一个充满爱与安宁的美好世界里，一个幸福可以绵延到地老天荒的童话里。

月亮堂堂的夜晚，生活与尘世，在一个女子的眼里和心里，是这样一点点美好安稳起来的，以至可亲可信。

周身最平凡不过的美丽有时候却能滋润心田，洗涤灵魂。愿你永远保有一双发现美的眼睛。

舌尖上的夏天

宋佩华

一个孩子长到 7 岁，到秋天时就该上学了。一个夏天的早晨，母亲对他说："从今天起，家里放牛的任务就交给你了。"

小男孩不愿意，这会让自己少了睡觉和玩的时间。母亲对他说："不放牛，秋天就不能去上学。"小男孩太想上学了，每天看到姐姐背着书包的样子他就羡慕得不得了。于是，他答应了。

早晨，太阳刚从东边的山顶上爬出来，小男孩就已把牛牵到了山坡上。他躺在草地上，看着天边的云霞，突然不远处一抹“红霞”映入他的眼中，走过去一看，那“红霞”来自一丛荆棘，是一颗颗小灯笼似的果子。大概果子已熟透了吧，红艳艳的，在晨光里透着亮色，确实招人喜爱。

小男孩不知道这东西能不能吃，他扒开荆棘摘了一些放进口袋，采摘时还不小心被划伤了小手。但是他毫不理会，直到把自己的口袋装满才停手。

这可是个大发现，他原以为放牛会非常无聊，没想到竟有这样的惊喜。他拿出几颗果子放在鼻子下闻了闻，似乎闻到一股香甜的味道。

回到家里，他一头钻进厨房，母亲正在烧饭。“妈，我给你看样好东西。”他把野果子给母亲看。

母亲告诉他，这是野草莓。“你真聪明，第一天放牛就采到了野草莓，这是老天给你勤劳的奖赏。”

小男孩高兴地笑了，他拿出一颗野草莓放进嘴里，轻轻一咬，一股清香溢满唇齿，一股香甜的汁液流进了喉间。

他开始喜欢上放牛、喜欢上夏天了。每次放牛他都会去寻找野草莓，采摘回来与母亲分享，这让他心里十分骄傲。

妈妈对他说：“等你长大一点儿，我就带你到山上去，山上的野果比山下多得多，也好吃得多。”

第二年的夏天，小男孩如愿跟妈妈进了山。山上的世界果然比山下好玩得多，藏在山里林间的野果子也千奇百怪。

那天妈妈发现了一棵结满野果子的树，那果子黑黑的，密密麻麻地吊在树枝上，像是黑珍珠耳坠。

母亲告诉他："这叫吊茄子。你看，它的颜色是不是和家里吃的茄子一样？只不过没做菜的茄子那么大而已。"

"你吃吃看。"母亲摘了一颗，剥了皮塞到小男孩嘴里。小男孩只轻轻一吮，那颗吊茄子就刺溜一下从舌尖滑到了肚子里，只在喉咙里留下一线甜甜的味道。

小男孩越来越喜欢夏天了，每年夏天他都让母亲带他进山采果子。

由此，他也认识了越来越多的野果，布梨楂、野葡萄、山荔枝、茶耳朵、地茄子……这些大自然的馈赠，让小男孩享受到了夏天的甘甜，让他品尝到了舌尖上的幸福。

有一年，母亲对他说："妈妈再也不能带你上山了，以后就由爸爸带你上山吧。等你长大后，就可以独自上山了。"

可是，爸爸只顾埋头采药，根本不给他找野果。再后来，母亲不在了。

多年以后的一个夏天，小男孩已长成了小伙子。他仍然会进山，山上的野果满树生香，但小伙子只是静静地站在果树前看着，有时也凑近去闻一闻，却不再动手摘一颗。

因为在他的眼里，每一颗果子里都藏着母亲的眼睛。

因为在他的心里，夏天已停留在了童年的舌尖上。

有些记忆，清晰地印在脑子里；有些人，也一直让人念念不忘。

母亲的梦

君 燕

那天早上，我总是感到隐隐的不安，去上课的路上，回想着昨夜的梦，突然担心起了母亲。大概有一个多月没回去看母亲了，学业是忙，但也并不是一点时间都没有。上个周日不是还和同学们去郊游了吗？还有上上个周末，自己还和室友开了个派对，也许是潜意识里的懒惰在作怪吧。

整整一个上午，我都心神不宁，心里一直惦念着母亲。母亲是个苦命的女人。父亲走得早，母亲独自一人艰难地拉扯我和姐姐长大。姐姐早已成了家，自己也如羽翼丰满的小鸟般脱离了母亲的怀抱。以前还会每周回一次家，现在一两个月回一次家已成了常态。

中午上完课，我去学校的食堂吃饭，快要走到食堂的时候，我突然决定回乡下看母亲。离下午上课还有两个小时，坐车来回需要一个半小时，这样算来，还有半个小时可以陪母亲，也许还来得及吃一碗母亲做的手擀面。想起母亲做的手擀面，我不由得加快了脚步。

熟悉的院子里，月季、菊花，还有一些叫不出名字的花花草草在墙角静静地绽放，鸡、鸭安生地在圈里休息，就连平时最爱聒噪的大黄狗也安静地趴在屋檐下睡觉。推开虚掩的房门，桌子上放着一只还没来得及洗的饭碗，旁边还有吃剩的半个馒头。母亲总是喜欢将就，胡乱吃点东西就把午饭解决了，我无奈地摇了摇头。透过半掀的布门帘，母亲那双沾满了泥土的布鞋整齐地摆放在床边。

我轻轻走进去，母亲面朝里躺在床上。她一定是累极了，熟睡中正发出轻微的鼾声。我在床边的椅子上坐下来，静静地注视着母亲。母亲此刻蜷缩着身体，看起来是那么瘦小。身上穿的那件衣服还是前年姐姐买给她的，刚开始母亲总舍不得穿。后来，姐姐又给母亲买了好几件，说如果她不肯穿，就一直给她买，母亲这才欢喜地穿上了新衣。

睡梦中，母亲翻了个身，额前灰白的头发上还粘着一小片稻草。唉，母亲一定又下田干活去了，尽管姐姐说过多次，不让她再下田，母亲却总舍不得丢下那片土地。她笑着说，自己家种的蔬菜和粮食吃着多放心呀。其实，母亲才能吃多少，还不是每次都用慈祥的眼神看着我和姐姐吃？

不知不觉，已经过了二十分钟，我静静地享受与母亲相伴的时刻。

此刻，我觉得自己和母亲离得是那么近，甚至能听到母亲沉稳的呼吸和心跳。

记得小时候，母亲常常无意地提起我睡觉时的各种小动作，那时我还纳闷，母亲怎么知道得那么清楚呢？其实我早该想到，在自己熟睡的时候，母亲也用温柔的目光这样看过我无数次。

我站起身，掀起门帘，看到母亲仍在安睡。忽地，母亲的嘴角微微上扬，似乎在做一个甜蜜的梦。我笑了笑，轻轻退了出来。坐在返程的车上，我觉得母亲那安稳的梦境仿佛嫁接到了我的灵魂里。没有了学习上的苦恼和困惑，没有了同学间的猜忌和矛盾，一切都变得那么恬然安静。

在浑身轻松的同时，我又觉得很幸福、很满足。这半个小时的时光让我无比深切地感受到了亲情的温暖，也让我更深刻地体会到了最博大最深沉的母爱。

赶到学校时，我接到了母亲打来的电话。“我中午睡觉的时候梦到你了，好像感觉你就在妈身边呢。”“妈，我想您了，这个周末一定回去看您。”我带着微笑说完，却不自觉地湿了眼眶。

母爱就像太阳，无论时间过去多久，无论走到哪里，都能感受到母爱的光辉和温热……

脚下的流沙

李良旭

放学回到家，母亲在院子里看到我回来了，抬头看了看我，皱起了眉头，说道：“怎么？放学后又到小河边玩去啦？”

我心中慌乱，赶忙回答道：“没有啊，一放学我就回来了。”

母亲听了，脸一下拉了下来。她有些生气地

说道：“你撒谎，你脚下的流沙告诉我，你到小河边玩耍去了。”

母亲铿锵有力的一句话，吓得我赶忙低下头看自己的脚下。这一看，不禁大吃一惊，只见两只鞋的鞋边粘上了点点粒粒的沙子。没想到这粘在鞋上的沙子，竟成了无可抵赖的证据。我无话可说，只好羞愧地低下头。

母亲拿着一双干净的鞋走了过来，让我将脚上的鞋换下来。母亲将那双鞋拿到水池边，边洗刷鞋上的流沙边说道：“脚踩到哪儿，流沙就跟到哪儿，即使沙子细小到你眼睛看不见，别人也能看见。流沙就是一个人的足迹，也是一个人的人生。”

我惊讶地望着母亲，没想到我那没有多少文化的母亲，竟说出了这么富有哲理的话。那一刻，我觉得母亲好聪明，甚至好伟大。那是我第一次听到流沙这个词。原来流沙无处不在，无处不有，它就像影子一样，时刻粘在人的脚下。

一次，老师让同学们用“沙”这个字组词，班上同学大都组成了沙漠、沙发、沙子、沙滩、沙地……只有我一个人组成了“流沙”这个词，当时我们还没有学过这个词，老师特意在班上表扬了我，说这个词组得好，并问我是怎么知道这个词的。

我将那个鞋上粘有流沙的故事说给老师和同学听，老师夸我有一个十分聪明的妈妈。听到老师的夸赞，我的心里充满了自豪和甜蜜。

二十多年后的同学聚会上，许多同学还向我说起那个我在班上说过的流沙的故事。他们说，这么多年了，只要一看到自己鞋上粘上的那些流沙，就会想起我，想起我说过的那个故事。

我听了，一下子感动莫名，眼睛一瞬间湿润了。少年时，大家在一起的许多时光都已模糊、被淡忘了，但课堂上偶尔说过的一个故事，竟然让同学们记了几十年，甚至触景生情，引起思绪万千，这怎能不令人感慨万千、心如潮涌？

长大了，我离开母亲的身边，到过许多地方，并在很远的城里安了家。每次回家，母亲看到我，总会先低下头，看我脚上的鞋。

我一开始不明就里，问道："妈，您在看什么呢？"

母亲认真地说："我在看你脚上的流沙，看你是否走错了道，粘上了不该粘上的流沙。"

母亲轻轻的一句话，惊出了我一身冷汗。孩提时的那一幕，像电影镜头一般又浮现在我眼前，真真切切、恍如昨日。我下意识地努力检索自己走过的路，心中隐隐有些忐忑和不安。

这么多年来，尽管母亲不在自己的身边，但她的眼睛仿佛一直在紧紧地盯着我脚下所走过的路，使我不敢有丝毫的懈怠和放纵，生怕自己一招不慎就走错了路，脚下粘上了不该有的流沙。

母亲说得对，人走到哪儿，流沙就跟到哪儿。一个人无论行走得多么隐蔽，都隐藏不了脚下粘的流沙。

这世界上有一种孝，那就是努力走好自己人生的路。可以平凡，可以寻常，可以贫穷，但绝不能走错。只有走得正直、走得刚强，才是对母亲最大的孝。

对父母最大的孝就是做正确的事，走正确的路。

原来我们永远都是孩子

林玉椿

当我还是个少年时，我无比渴望长大，渴望远离家门、远离亲人，像雄鹰一样展翅高空，风雨无阻，无怨无悔。

这一切似乎就这样自然地发生了。恍恍惚惚中，我竟已过而立之年，在异乡的城市里有了一份安稳的工作，有了妻子、孩子、房子和车子，只是并没有找到那种勇士的感觉，也没有多大的成就感。

这时我才深切地感受到，远离家乡，内心竟是如此的落寞。每次拿起电话，跟母亲诉说工作和生活，聆听她的问候和欢笑时，才发现自己的奋斗有一些意义。那些人生中小小的骄傲，只有说给母亲听，内心才有满足感。那一刻的我，像是变回了幼稚的小学生，拿到了奖状，就兴高采烈、蹦蹦跳跳地向父母汇报，等待母亲的表扬。对母亲说的这些话，我不会在朋友面前提起，甚至也找不到对妻子说的理由，因为见多识广的他们会觉得这些事情微不足道。

每次回到老家，在母亲面前，我仍然像儿时一样放肆。母亲做的饭菜，哪样好吃，哪样不好吃，口无遮拦；洗完澡，衣服往旁边一扔，等着母亲拿去用洗衣机洗；出去和老同学喝酒至深夜，第二天赖床，还要等母亲准备好早餐左催右催……这样的放松和放肆只有在老家才会有，只有在母亲面前才会有。

有个女性朋友，小时候父母离异，她跟着母亲过，可是前几年母亲不幸病逝。父亲另有家庭，加之一直不在一起生活，虽然也走动，却总感觉生疏、隔阂。她虽已嫁人，有了丈夫、儿子，并且跟公公婆婆生活在一起，但内心仍时常会觉得空虚、落寞。她对我说，逢年过节，看见别人欢欢喜喜准备回老家，看着别人为自己的父母买衣服、买补品，她就很羡慕，也很感伤，因为她已经无法为母亲做任何事情。她有一份收入还不错的工作，本可以凭着自己的资源做更大的事业，挣更多钱，可是她却对我说，她缺乏欲望，缺乏激情，找不到奋斗的意义。以前，自己哪怕有一点小小的进步都会向母亲诉说，都能感觉到母亲的欣慰——可现在谁会在乎呢？谁会在乎自己在人生中那点点滴滴的成长？

对于这种感觉，我有切肤的体会。一天，大姐打来电话，说母亲上次手臂上割下来的肿瘤，医生确认是恶性的。那一刻，我只觉得天旋地转，整个人都崩溃了。坐在回老家县城的班车上，我蜷缩在车内无人注意的后排，任凭泪水肆无忌惮地狂涌而出。我觉得如果母亲有事，自己将来的生活将毫无意义。我的梦想、我的奋斗，我教给别人的所有做人与处世的道理，写给别人所有励志的语言和热爱生活的规劝，在此时都变得一文不值。我像一个无助的孩子，流着泪在内心默默向上天祈求，祈求这只是一个误会，其实母亲得的根本就不是恶性肿瘤；祈求上天把我二十年的寿命，拿给我亲爱的母亲；甚至在脑海里构思要学古人割肉为母亲熬药，以孝心感动上天，使母亲渡过劫难……

而上天似乎真的听到了我的祈祷，事情竟然出现了转机。医院进一步的病理分析结果出来了，母亲得的只是低度恶性的皮肤肿瘤，只要切除彻底，对身体并不会有太大的危害。随后，我和姐姐、姐夫带着母亲远赴广州，在一家人员、设备和技术都比较好的医院动了手术。手术后母亲恢复得很好。

经过这一次磨难，我更加懂得珍惜自己的亲人，更加懂得尽孝需及时的道理。

有一种爱，其他任何爱都无法填补——那就是母爱。在母亲的眼中，我们永远都是孩子。无论我们多么落魄，总有一个人可以容纳我们，那就是母亲；无论我们怎样犯错，总有一个人不会放弃我们，那就是母亲。

其实，在我们内心深处，我们又何尝不是母

亲眼中长不大的孩子？我们会比她有更高的文化，会比她更有挣钱的本事，我们谈论的很多话题，她甚至都无法听懂。可是，能最认真、最有耐心聆听我们倾诉的人，永远是母亲；能给我们最真诚、最有效的安慰的人，永远是母亲。无论我们是否意识到，我们内心最依赖的人，也永远是母亲。

原来无论飞得多高、多远，无论变得多么坚强、多么勇敢，我们也永远都是母亲的孩子。

即使我们长大了，还是忍不住为我们操心，这就是母亲。

做一个安静的聆听者

罗光太

突然有一天，我发觉父母越来越啰唆了。

早上要出门上班时，老妈会像送小时候去上学的我一样站在门口对我千叮万嘱。

我不耐烦地对她说：“妈，我知道了，这些话您都讲了好几十年了，还在重复。”“是呀，奶奶，我爸又不是小孩子，您可真唠叨呀！”儿子在旁边嬉笑。

老妈看了我和儿子一眼，神情尴尬地喃喃自语：“是呀，我可真唠叨呀！”她自嘲地笑笑，退回客厅里，可等我和儿子一出门，她又探出头来：“路上开车慢一点！记住呀！”“知道了，老妈。”我头也不回地牵着儿子的手匆匆下了楼梯。

有一次，我下了一半楼梯突然回头，看见老妈在我们走后还一直站在门口目送我们。她的眼中有担心，有落寞，还有我说不清楚的内容。那一刻，我心里有些自责，我不该对老妈的关心表现出厌烦。她一定很失落吧，觉得孩子长大了就开始嫌弃自己。

小的时候，我们围着父母，总是不愿离开他们的左右。但当我们长大后，却总是希望能够挣脱父母的管束，离他们远一点，再远一点，有自己独立的生活空间。那些埋藏在心底的秘密，再不会向他们倾诉。

总觉得父母已经老了，过时了，帮不上忙，更不能理解我们年轻人的困惑和迷茫，好多事跟他们说只是浪费口舌，徒添不必要的担忧。

老爸退休前是建筑工程师，每天都有忙不完的事。不是跑工地就是协调各单位各部门，要不就是在画图、设计、做预算、做结算，忙得不可开交，根本无暇过问我的事。他平时在家也很少说话，可能是在外面说了太多的话，回家后就想清静和休息。但他自从退休后，就像变了一个人，不仅变得爱说话了，而且对我从事的工作也产生了浓厚的兴趣。

在他一次次事无巨细的询问后，我逗他："老爸，怎么啦？难道您现在对我从事的工作也有兴趣啦？这和您建房子可是千差万别哟！我还记得您原来可是很不看好我的工作的。""我就是了解一下，谁有兴趣呀。"老爸嘴硬，明明很有兴趣，却不肯承认。

他真的是很有兴趣，那些被我搁置在书柜里几年未动的专业书，他竟然找出来，看得津津有味。再和我说起专业上的事情时他都能够说出个门道来，让我刮目相看。但我没闲工夫也不愿意和他多谈工作上的事，总觉得他知道了也帮不上什么忙，而且在外面累了一天，回到家后我就懒得再开口说话。

老爸并不知晓我的心思，他兴致很高，而我却疲于应付。有时不耐烦了，就会对他说："老爸，我的事，我自己处理，您不用操心，您该干吗干吗去。"我才说完，老爸就沉默了，就在他闭上嘴的瞬间，我看到了他眼中稍纵即逝的失落。

后来，我偶然在一本杂志上看见了一篇关于老年人爱唠叨的文章，原来老年人爱唠叨并不是一种习惯，而是他们想融入自己孩子的生活的一种积极表现，他们不愿意被“冷疏离”。

回想父母的种种表现，我恍然大悟。确实是这样。自从我结婚，特别是孩子出生后，我全身心都放在孩子身上，忽视了父母的存在。我可以不厌其烦地带孩子玩，陪孩子说话，或是和妻子事无巨细地商量问题，却没有耐心听父母唠叨，总觉得他们重复了一遍又一遍的话毫无意义。

他们与我们生活在一起，却像隐形人一般。但他们并不愿意成为隐形人，于是他们用自己的方式提醒我们他们的存在。老妈一如既往的关爱或许是出于习惯，或许那是她让我正视她的唯一方式，而老爸对我工作的关心，也只是想找到能够和我交流的共同话题。

父母老了，但他们不希望被漠视。在我们“宏大”的人生计划中，有自己追逐的目标，有妻子的年度愿望，有孩子的前途安排，可是，我们的父母呢？我们是否将他们的老年生活纳入了自己的人生计划里？

我曾觉得自己还算孝顺，后来我才知道，所谓的“孝顺”应该是顺着父母，用心陪伴，让他们感觉到自己存在的意义。

有多少老人不爱唠叨呢？作为子女的我们是否应该做一个安静的聆听者，听听父母的唠叨，把他们的话放在心上？或许只有这样，我们的父母才能踏实而幸福地安度晚年。

父母的心是爱的太阳，

它的光焰永远照耀、温暖着我们。

第二辑　父亲的秘密

父亲狡黠地笑了："还记得十几年前我们的那次历险吗？那三天的时间里，我可能，尝遍了世界上所有的蘑菇……你当然不会知道，这是我的秘密。"

人生的空白

一路开花

叔父是位音乐教师，因此，我从六岁起便跟随他苦习钢琴。大抵是与艺术日夜相伴的缘故，几年后的我竟会无由地多愁起来。整夜飘飞的思绪里，都是一些难以自行明了的问题。

例如，总是想不起三岁之前的旧事，于是，我就会竭力地探索，为何我会想不起三岁之前的事呢？越是如此，越是想不起来，心里就越发地恐慌。仿佛，本该完整无瑕的人生中，有三年的记忆与痕迹陡然消逝了。这茫茫的空白，干扰着我，让我时时心生疑虑。

他们不明白，一个九岁的孩子为何会恍然心情抑郁？有时，会问父亲，我三岁之前都做过些什么，有哪些让他难以忘怀的趣事。他笑笑，总说，每个人的前三岁实际都差不多，不是摸爬，就是摔跤。我开始觉得，父亲的话有一定的道理，因为我看其他的孩子也大都这样。可渐渐的，我发现了，他们除了摸爬与摔跤之外，还是有很多事情可干的。

我的问题开始如流水一般朝父亲涌泻而去，他微笑着听我说话，不发一言。我胸中充满懊恼，觉得他并非真爱于我。要不，为何对于那时的我他没有半点记忆？此时想想，在那个尖锐的时刻，身为农民又木讷寡言的他，其实真不知道该说点什么，才能让我这个善感的孩子情绪瞬间得以平复。

沉闷了几日后，父亲忽然到叔父家中找到了正在习琴的我。他拉住我的手，示意叔父回避一下。

我停稳双手，怔怔地坐着。在我印象中，他一向是平和近人的，今日却显得有些鲁莽。停顿了一会儿，父亲指着钢琴问我："你喜欢钢琴吗？那么，喜欢白键多一点还是黑键多一点？"

看着风尘仆仆的父亲，我失声大笑。他不知道，白键和黑键都是钢琴上必不可缺的部分。别说偏爱哪种键，这键盘之上，就是少了一个都不行。

父亲见状，接着问："你能告诉我，黑键与黑键之间的是什么吗？"

我不假思索地回答他：“白键！”整日与钢琴为伴，它的基本位置，我早了然于胸。

“正如你刚才所说，黑键之间是白键，是一指的距离，是几厘米的空白。在我看来，这些空白缺一不可，或许你也清楚，正是多了这些空白，钢琴才得以完整，并能成为‘乐器之王’。”

看着眼前一脸祥和的父亲，我忽然有些不知所措。他接着道：“人生不也如此吗？偶然的空白，偶然的错过，才能使其充满鲜艳的色彩……”

后来的话，我全然未听进去。因为在一旁肆意落泪的我，实在难以明白，憨厚而又不善言语的他，要耗却多少时光才能组织出如此精妙且具有哲理性的话；又要冥思多久，才能借我熟悉之物，传达出人生的某些意义，解我心中疑惑。

黑键间的距离，白键完成填补。而人生里的空白，却只有父亲这样的爱，才能将其丰富。

偶然的空白，偶然的错过，偶然的遗憾，都是生命里不可或缺的音符。就像不是每一个人都完美，不是每一个结局都圆满。

山村的祖父

文小圣

祖父做过县水文站站长，但他退休后就回乡下和我们一起生活了。

也许他想过闲云野鹤的乡下生活，自由自在，无拘无束；也许他想落叶归根，重新回到这片养育他长大的乡土中，所以他拒绝了单位分发的房子，不肯留在县城里。

祖父是我从小就非常崇敬的人，他在村里很有威望。他渊博的知识，豪爽的性格，甚至他那略显严肃的谈吐和他易怒的性格，都深深地烙在我的心里。祖父很有才，他写得一手极好的正楷毛笔字，逢年过节、婚嫁喜事，村里的人都会来找他帮写对联；他颇懂草药，许多人慕名来向他求医，他亲自上山采药，治愈过很多人。他有两柜子的书，平时每日都要看书，谈吐之中，引经据典，令人钦佩。

祖父从来不干农活，也不做家务。他喜欢养鸟，家里有三个鸟笼，养了两只画眉和一只竹鸡。闲时，祖父就用哨子调教他的鸟。他养的画眉听到哨声就会鸣叫，声音婉转动听；那只竹鸡则每天早上都会像公鸡一样准时打鸣。

祖父经常会让我帮他喂喂鸟；他写对联的时候，会让我帮他倒墨、压纸；他允许我到他的房间里自由地翻看那两柜子书，但看了书后必须整理好书柜。

我的童年就是这样度过的。我知道有花开花落，我知道有冬去春来，我也知道我在一天天地长大，然而我未曾想过祖父在一天天地衰老。我一直觉得祖父坚实的身板可以永远像铁塔一般，或者说，我一直认为他就像老当益壮的老将军，管护着我们，同时也是我们的依靠。

然而，祖父在衰老。随着我们长大外出读书、工作，他也慢慢变老了。尽管他的身体仍然显得强壮，仍然声如洪钟，但那满头的白发，那深夜里的咳嗽声，无不在显示着岁月的无情。后来，祖父出门时摔了一跤，左腿动了手术。那之后，祖父走路就不太灵便了，需要拐杖来支撑。

父亲是祖父唯一的儿子。我知道父亲对祖父积了许多不满。父亲对自己得不到关心的童年，对自己出去工作后得不到祖父的支持，对祖父将钱乱借给不务正业的人，都存在种种怨言。父亲读书不多，读书的钱也是靠自己卖柴挣来的。从17岁离家参加工作起，他就靠自己的打拼来一步步地走人生的路。

父亲一直认为如果祖父能多担负一些家庭责任，他的人生道路也不会如此艰难。父亲以前对祖父不满，但又畏惧。我清晰地记得父亲还在外工作时，有一次回家，晚上因为多喝了些酒，又谈起往事，便和祖父激烈地吵了起来。祖父暴躁起来，将他那深蓝色的酒壶砸出门外。第二天父亲酒醒后，对自己昨晚的冲动感到懊悔和后怕，他主动去叫祖父吃早餐，显然是在主动向祖父道歉。

可是父亲内退以后便开始酗酒，而且经常和祖父争吵，任何人都无法劝阻。他像一个孩子似的，争论着他失落的童年，诉说着自己压抑的往事。祖父已不愿意再跟他争吵，只是唉声叹气，让我们想办法劝父亲少喝酒，因为他怕父亲的身体会垮下去。可是无论我们怎么做，父亲都无法从自己营造的悲哀中走出来，身体也一天天垮了下去。

终于，父亲走了。那一刻，祖父拄着拐杖颤巍巍地走出来，右拳用力地捶着自己的胸口，号啕大哭，以前所有的坚毅与倔强都化作了泪水。他仰天流泪，悲怆地喊道："老天哪，以前那个年代，我曾经保护过那么多人，救过那么多人，为什么现在落得白发人送黑发人的下场？"

很长的一段时间里，祖父都沉浸在失去儿子的痛苦中无法自拔。

他经常端详着父亲的照片发呆；经常会拿着以前跟父亲交换的那块老手表，给它上弦；跟我们聊天的时候，也经常会不自觉地谈起父亲。

母亲在县城帮大姐照顾孩子；我在离家很远的省城工作，回乡下的时间越来越少。80多岁的祖父和祖母不愿进城，在乡下相依为命。

祖父的性格变得越来越温和，他开始主动帮着祖母煮饭炒菜；他经常关心我们，打电话对我们嘘寒问暖。

残酷的岁月与世事磨平了祖父的棱角，我们在尽可能给予祖父关爱的同时，却又深深感受到人世沧桑的悲哀。

在我的脑海里，经常会浮现出这样的画面：祖父静静地去给他的鸟添食加水；或戴上老花镜，捧着一本老书静静地看；或背着双手，默默地凝望着门前的青山……

于是，泪水涌出了我的眼眶。

总是有些人，在离我们很远的地方生活，与我们像是在两个世界。可就是这些人，让我们一想起来就忍不住落泪。因为心疼，也因为爱。

陪你五分钟

黄 宁

五分钟能干什么事情？烧一壶开水，喝一杯咖啡，打一个电话，或者坐累了，站起来，活动几下筋骨，伸一个懒腰。五分钟太过短暂，很多时候我们认为，五分钟根本算不上时间——因为生命如此漫长；因为生活太过闲散，或者太过急迫。

五分钟是他陪父亲的时间。也许五分钟，也许，远不足五分钟。五分钟是他听父亲说的，可怜的父亲将时间夸长，又将它美化。

父亲年事已高，常常忘事。睡觉前他会忘记关上窗户，忘记脱掉袜子，或者忘记关灯。甚至有一次，临睡前的父亲突然想喝茶，他去厨房点燃燃气灶，才想起来水壶忘在卧室。他返回卧室，却又忘记了该干些什么。父亲就这样睡去，让燃气灶着了一夜。这是一个危险的信号，他认为自己有必要在临睡前检查一遍父亲的卧室。

检查，就像部队里的班长检查刚入伍的士兵，就像学校里的老师检查新入校的学生，他认为这跟“陪伴”相距甚远。他到父亲卧室，不过想看看他是否关上窗户，是否关掉开关，是否将一杯开水放在床头。非常短的时间里，他坐在床头，与父亲闲聊几句，或者，为父亲再加上一条毛毯。

然后，他替父亲关好房门，去客厅小坐片刻，或者去厨房看一下，就该睡觉了。他睡得很沉。他很累，很忙。也许五分钟对他来说，已经太过奢侈。

他真的很忙。大多时间里，他都不在家里吃饭。一天中虽可以与父亲打上几个照面，然而他们的交流直接并且简单。

——醒了？

——醒了。

——饿吗？

——不饿。

——药吃了吗？

——吃了。

——我去上班了。

——嗯。

——我回来了。

——嗯。

这也许是世界上最简短的交流，他与父亲都不是那种健谈和善于表达的人。

可是那一天，当他下班回来，他见到正在小区凉亭和一个老哥们喝茶聊天的父亲。父亲端着一杯茶，对他的老哥们说：“我儿子每天至少陪我五分钟！”

语气和表情里，都充满了令他心酸的自豪。

那一刻他想起童年。童年里，当他参加了学校的运动会、当他学会了弹琴、当他考到了好成绩，甚至，当他玩了一整天衣服却还干干净净时，父亲都是这样的语气和表情。父亲喜欢在别人面前夸他，那是父亲最大的快乐。

童年里，他喜欢父亲陪着他。他喜欢钓鱼，父亲陪着他；他喜欢滑冰，父亲陪着他；他喜欢捉蚂蚱，父亲陪着他；他喜欢躺在床上盯着天花板发呆，父亲陪着他。那时候，一天里，父亲会陪伴他多长时间？五个小时？十个小时？二十四个小时？似乎，整个童年里，父亲无时不在。

然而现在，当父亲老去，当老去的父亲如同童年里的他一样需人陪、需人照顾时，仅仅五分钟的陪伴，可怜的父亲便心满意足，便有了足以令自己自豪的资本。然而，哪怕仅陪父亲五分钟，他也不能够做到全心全意。五分钟里，他东张西望，心不在焉。

他上前，跟父亲说："回家吧！"他想拥抱父亲，终是没有。

可是那天，他是牵着父亲的手回家的，就像童年里，父亲牵着他。

当父母年老的时候，他们最需要的应该就是我们的陪伴了，一如年少时的我们每时每刻都离不开父母。或许陪伴便是父母与儿女之间最长情的爱吧。

父亲的秘密

刘　灿

假期里，父亲和他八岁的儿子，去森林里游玩。他们往密林深处不停地走，不知不觉迷了路。四周的古树遮天蔽日，像一只巨大的笼子将他们困在中间。父亲背起疲惫的儿子，试图走出去。可是他无奈地发现，自己能够做的，只是每隔一段时间，重新回到原地。

那里有一个废弃的木屋。木屋里也许住过守林员，也许住过伐木工人，现在它空着，破烂不堪，仿佛随时可能倒塌。可它毕竟是一间屋子，这能够为父子俩增加一些安全感。晚上他们挤在里面，在许多年无人用过的铁盒里生起一堆火。外面传来野兽的叫声，似乎距他们很遥远，又似乎近在咫尺。儿子呜呜地哭起来，他问父亲："我们会不会死在这里？"父亲用力拍拍他的肩膀，说："不怕，我们会走出去的。"

可是第二天，他们仍然围着木屋不停地画着圈子。让父亲稍感欣慰的是，木屋外面有一口水井，水井里面有干净的水。可是他们已经没有任何可吃的东西，恐惧的乌云笼罩着他们。

第三天，父亲放弃了那种徒劳的尝试。他对儿子说："这里有木屋，有水井，很有可能是一些路过者的临时驿站。我们只要等在这里，就肯定会遇到人……你留在这里等我回来，我到附近找些吃的。”儿子问：“附近有什么吃的？”父亲笑了，他说：“森林里还能饿死人吗？你难道忘了野生蘑菇很有营养吗？”他为儿子打上一壶水，然后一个人离开木屋。他一边走一边回头对他的儿子说：“守着屋子，千万不要乱走……等我回来，我们一起吃晚饭。”

父亲并没有马上去寻找蘑菇。他把衣服撕成布条，系在木屋周围的树干上。系完，仔细检查一番，调整了几个布条的位置。他想这样如果有人经过，就会发现这些布条，再发现小屋，再发现小屋里的他们，并将他们带出森林。他想这可能是他们唯一的机会，他不敢有丝毫马虎。

那天父亲很晚才回来，他拣回了一小把蘑菇。虽然仍然走不出去，也仍然没人发现他们，可是有了蘑菇，他们就有了活下去的希望。儿子问：“这蘑菇不会有毒吧？”父亲说：“不会，在走出去之前，我们天天喝鲜蘑菇汤。”儿子问：“这附近蘑菇多吗？”父亲说：“不多，也不少。”儿子说：“明天我也去拣。”父亲说：“不行，你得守在这里，万一有人经过怎么办？我们的目的是走出森林，不是在这里吃蘑菇宴。”父亲朝儿子做一个鬼脸，儿子发现父亲的脸，有些浮肿。

父亲一连出去捡了三天蘑菇。他出去的时间一天比一天长，捡回的蘑菇却一天比一天少。每次回来，他都是筋疲力尽、脸色蜡黄，一副大病初愈的样子。儿子问：“您怎么了？”父亲说：“没事，有些累。”儿子害怕地哭起来，他说：“爸爸，我们是不是真的走不出去了？”父亲说：“不会的，只要我们坚持住，就会有人发现我们……你别动，我再去打一壶水来。”

第二天果真有人经过，是一位猎人。是父亲

的布条把他引到了小屋。猎人把他们带出森林，他们再一次回到了城市。那以后，每次谈起这次经历，父子俩仍然心有余悸。

家里的饭桌上，从此没有蘑菇。甚至，儿子说，哪怕在菜市场见到了蘑菇，他都想吐。

可是时间会改变一切。十几年过去，有一天，儿子回家时，竟提回一小袋蘑菇。他告诉父亲，这是真正的野生蘑菇，是近郊的农民在大山里采的，刚才在街边叫卖，他看看不错，就买来一袋。“十多年没吃蘑菇了吧？”儿子对父亲说，“我想您可能都忘记蘑菇是什么味了。”

父亲笑笑，没说话。他似乎对蘑菇并不反感。

父亲把蘑菇倒在水池里仔细清洗。突然，他低下头，从那些蘑菇里挑出两个，扔进旁边的垃圾桶。儿子问：“爸，您扔掉那两个蘑菇干什么？”父亲说：“这两个蘑菇有毒。”

“有毒？”儿子怔一下，“您怎么知道？”

父亲狡黠地笑了。他说：“还记得十几年前我们的那次历险吗？那三天的时间里，我可能，尝遍了世界上所有的蘑菇……你当然不会知道，这是我的秘密。”

身临绝境的时候，父母永远是我们最大的精神动力，同样，我们之于父母也是如此。

爸，您帮我拍张照吧

张君燕

最近几次回家，老爸总是举着手机讨好地对着我笑："来，让爸给你拍张照。"我躲闪着，连连摆手："不要不要，干吗拿我试验，拍出来会很难看的。"老爸闷闷地收起手机，好像有点失望。"要不，您去房后的树林里拍，秋天的树林拍出来很好看的。"怕惹老爸不高兴，我赶紧补充道。

老爸旋即露出了笑脸："好，等会儿我去那里拍。"

自从前段时间哥哥把自己淘汰的智能手机给了老爸后，老爸就爱不释手地捧在手里，一个劲儿地问我们如何使用。记得当时我还嘲笑老爸："人家不用的手机到您这儿成宝贝了。"老爸倒是不介意，憨憨地笑着。学会使用智能手机后，老爸就喜欢拿着手机拍照，家里人都成了老爸镜头下的"试验品"。看着老爸乐此不疲的样子，我直笑老爸孩子气。

周末，我回家看望父母，一见我来，老爸马上兴奋地拿起了手机，我下意识地用手挡住了脸："爸，您干吗呢？我不说了不喜欢拍照吗？"老爸笑了笑便作罢，随后转身去了厨房。不大一会儿，一大桌丰盛的饭菜便端上了桌。刚吃了几口，老爸就站了起来。"怎么不吃了，爸？"我奇怪地问。老爸拍着肚子说："今天不太饿。"说着便向外面走去，还不忘拿走放在桌子上的手机。“得了，老爸也成手机控了。”我故意皱着眉头说，老妈也跟着我笑了起来。

喝汤时，我总感觉背后有什么东西在晃来晃去，回过头，却什么都没有看到。“好奇怪，好像有人在背后看着我。”我纳闷儿地自言自语。老妈望着我，嘴巴张开又闭上了，似乎欲言又止。在我的追问下，老妈才开了口：“你爸看到别人的手机都用自己子女的照片做壁纸，就想拍一张你的照片做壁纸。你是最小的女儿，离得又远，你爸平时最为你操心，可你上次说你不喜欢拍照……”

母亲絮叨的话让我顿时愣住了，我并不知道粗犷的父亲竟然还有这么细腻的心思。父亲在我们面前，从来没有表达过什么，我一直以为他不在乎这些。没想到，父亲对我们竟有如此深沉的爱。

我似乎一下子理解了，让沉默了大半辈子的老爸开口提出这个要求是多么艰难。

我走出屋子，走到老爸身后。

老爸正在摆弄手机，而他的手机壁纸正是我吃饭时的背影。

“爸”，我轻轻喊了一声。老爸猛地回过头，下意识地把手机握在手里，脸上还带着一丝尴尬。

“爸，您帮我拍张照吧。”我在老爸面前站定，脸上绽开了最甜美最幸福的微笑。

大爱无言，大音希声。

记忆里的父亲，总是如山涧的岩石那般沉默寡言。父亲的爱，就像一杯珍藏的美酒，时间越久，越能体会出那沁人心脾的芬芳来。

改变世界的力量

于　海

儿子让他去城里住几天。儿子大学毕业之后，在城里找了工作，谈了女朋友，结了婚，现在，总算也买了属于自己的房子，这都是儿子自己努力的结果，他这个当爹的，除了当年供儿子上学之外，基本上没帮上什么忙。听说这几年城里的房子特别贵，一个卫生间，就远远超过他家四间大瓦房的钱。换句话说，即使他和老伴将乡下的老宅卖了，也不够给儿子买个城里的茅坑。

城里他也是待过的，那还是十多年前的事了。那时候，儿子刚考上大学，是整个村庄的骄傲。可是，高昂的学费，让他犯了难，靠土疙瘩里抠点钱，根本担负不起。不得已，他也进城加入了农民工大军。他没文化，又没技术，只能找最脏最苦最累的活。他扫过马路，帮人家看过仓库，做过扛包的苦力，在毒日头下挖过一个个坑，汗流浃背地踩过三轮车，最后，一个做包工头的老乡，将他领了过去，他得以在老乡的施工队里做个小工。老乡的施工队，盖了一幢又一幢楼房，眼看着一片片光秃秃的土地上，竖起一幢幢漂亮的房子，他眼睛都看直了。城里的房子可真漂亮啊。工友们见他看傻了的样子，跟他逗乐取笑：“你也给儿子买一套吧，这样，儿子将来毕业了留在城里，就算有个根了。”他嘿嘿干笑几声，就他那点工钱，勉强供儿子上学用，年底了，连回家的路费都得跟工友借，在城里买房子？下辈子吧。

还是儿子有出息，工作才五六年，就在城里买了房子。虽说房子很小，也很旧，是十几年前的老房子，并且为买房子儿子还向银行贷了一大笔款，但儿子到底在城里有了自己的窝。而且，人家银行肯将钱借给你，凭什么？说明你可信，有能耐，还得起。他想，儿子在城里，这就算真正站住脚了。不像自己，虽然也在城里流血流汗打拼了三五年，可是连个小小的印记都没有。谁知道你也在这个城里生活了几年呢？施工队盖过那么多房子，但他不是瓦工，没砌过一块砖；不是木工，没刨过一根木；不是电工，没拉过一根电线……他只是个小工，搬来运去，扛东递西，几乎每一颗黄沙，每一包水泥，每一块板材上，都可能留下过他的汗水，但仅凭这一点，就认为楼房是自己盖的，他可不好意思说。儿子大学毕业后，他就拖着疲惫的身子，回到了乡下。他太累了，身子骨已经不行了，而且，他也实在放不下地里的庄稼、圈里的牲口，还有厨房里的老伴。

又要进城了，这让他有点激动。他不知道，好多年过去了，城里变成什么样了？十几年前新盖的楼房、高大的脚手架、低矮的工棚、脏兮兮的饭盒……排着队从他面前闪过。忽然，有一抹浅浅的绿色，一闪而过。那么绿，那么翠，那么嫩。他想啊想啊，终于想起来了。对了，就是它，爬山虎。那天，在杂乱的工地上，他发现了一株从一堆建筑材料中探出了几片嫩芽的爬山虎幼苗。他认得它，乡下到处都能见到它的影子。如果是在庄稼地里见到它，他会毫不犹豫地将它连根拔起，扔掉。可是，现在是在城里。在到处是砖头水泥和钢筋的建筑工地上，这一抹绿显得那么无辜，那么脆弱，也那么好看。他弯下腰，小心翼翼地将它连同边上的泥土一起挖了起来。然后，他走到一幢刚竣工的楼房下，找了一个墙角，将碎砖碎瓦扒开，把爬山虎幼苗种了下去，并从工棚后面为它弄来了几捧泥土覆盖在它的周围。种下爬山虎不久，他们就搬到另一个工地去施工了，他也慢慢忘记了它。不知道为什么会突然想起它，也许是因为在他看来，那是他带给这个城市唯一的改变吧。这么多年过去了，当年的那株爬山虎，也许早枯死了，或者什么时候被人当作野草拔除掉了。

儿子在车站接到他，然后他们一起坐公交车回儿子的家。城里的变化太大了，他完全认不得了。

辗转来到儿子住的小区。这是个老小区，房子有点旧，很多房子的外墙也变得斑驳了，与周边的新小区相比，显得有点寒酸。他对这里有点模模糊糊的印象，但他不能确定当年他们有没有在这个小区施工过。

儿子的家在二楼。只有一个房间、一个客厅，客厅还正对着另一幢楼的外墙。儿子没有足够的钱买面积大一点、朝向好一点的房子。拉开客厅的窗帘，他突然怔住了，只见对面那幢楼的墙壁上爬满了爬山虎，从儿子家客厅的窗户望过去，郁郁葱葱，就像一片绿色的海洋。

他问儿子："对面墙上的爬山虎是谁栽种的？"儿子回答："听老邻居说，那幢房子刚交付时，就有了，也许是飞来的种子扎了根，也许是有人无意间种下的。也没人特别在意它，十几年下来，就爬满整面墙了。"

他的眼睛忽然有点涩，有点湿，有点热。他揉揉自己的眼睛，他不能确定这是否就是自己种下的那株爬山虎，但他想，不管是谁种下的，它改变了一面墙，也改变了这个世界。

我们都是这个世界上渺小的个体，但是渺小的我们总会以自己的力量悄无声息地改变我们身边的世界。

父　爱

苏　童

对于父爱，人们的印象一向是节制而平和的。母爱的伟大使我们忽略了父爱的存在和意义，但是对于许多人来说，父爱一直以特有的沉静的方式影响着他们。父爱怪就怪在这里，它是羞于表达的，疏于张扬的，却巍峨持重，所以有人说："父爱如山。"

前不久去上海的旅途中，我翻开了一本杂志，不经意间翻到了一篇一个美国人记叙他眼中的父爱的文章。容我转述这个关于父爱的故事，虽说是一个美国父亲，但那个美国父亲数年如一日地为儿子榨橙汁的细节首先让我想到了我的父亲。

我的父亲则是几十年如一日地早起，为儿女熬粥，直到儿女一个个离开家庭。我一直在对比中读这篇文章，作者说他每次喝光父亲榨的橙汁后必会拥抱一下父亲，对父亲说一声“我爱你”，然后才出门。那个美国父亲则接受儿子的拥抱和爱，什么也不说。

拥抱在西方的父子关系中是一门必备课。我从来就没拥抱过我的父亲，但我小时候每天第一眼看见父亲时必然会例行公事地叫一声“爸爸”。到我长大了一些，觉得天天这么叫有点烦人，心想不叫你你还是我爸爸，有时就企图蒙混过去。

但我父亲会走到我面前，用手指指着自己的鼻子，于是我只好老老实实一如既往地叫“爸爸”。奇怪的是那美国儿子与我一样，他说他有一天也厌烦了这种例行公事的拥抱，喝了父亲的橙汁想径直溜出去，于是那个美国父亲就把儿子挡在门前了，说：“你今天忘了什么吧？”

这时候我仍然在对比，我想换了我就会顺势说“谢谢你提醒我”，然后拥抱一下了事。但这个美国儿子居然提出了一个非常直接的问题：“爸爸，您为什么从来不说‘我爱你’？”这个美国儿子逼着他父亲说那三个字。

然后文章最让我感动的细节就出现了：那个父亲难以说出那句他听惯了的话，当他终于对儿子说出“我爱你”时，竟然难以自持地哭了出来！

我读到这儿差点也哭了出来。我仍然在对比我所感受到的父爱。我想我永远不会逼着我父亲说“我爱你”，这是我与那个美国儿子唯一的不同。假如父爱不用语言，那就让我们永远沐浴在这种无言的爱中吧。

父爱默默无闻，寓于无形，只要用心就能体会到。

父辈的忌日

周海亮

从出生到死亡，只有两天与生命真正有关：一天是出生日，一天是忌日。这是生命的两个端点，代表了起始和结束，中间是或漫长或短暂的过程——自出生日起，自忌日止。或许还可以这样认为：忌日是死亡的出生日。

一位忘年交朋友几年前突然去世，我想，他

死去的那一刻，可能连他自己都毫无准备。他留下了写了一半的小说、画了一半的油画、修剪了一半的盆景，以及交了一半的人寿保险。他有三个孩子，两个儿子一个女儿，全都在外地。他去世以后他们自然全都赶回来，却只能守着父亲冰冷的遗体抹一把眼泪。几小时以后，伴着他们长长的哭泣，他们的父亲变成一把清灰。世间万物皆是如此，孤寂或者热闹的旅程以后，终化为清灰或者尘埃——人的生命，只有一次。

去年我因在外省开会，没有去给他扫墓。今年，推开一些琐事，终是去了。他的家在遥远的鲁西南乡下，那里有延绵的群山，有凹凸不平的村路，有敢把一条毒蛇握在手里的脏兮兮的孩子，有一座座低矮的土包般的坟茔。朋友长眠地下，一把清灰代表他在世间的全部。

那天，我见到了他的三个孩子。

小儿子从县城赶回来。他带着他的未婚妻，买了父亲最爱喝的酒、最爱抽的烟。他自己出钱为父亲出版了那本写了一半的小说，他说他相信父亲可以在那边将这部小说写完。他还说出版一部小说一直是父亲多年的夙愿，今年，他终于帮父亲将这个愿望实现。他红着眼睛将酒洒到父亲坟前，又点上一支烟，恭恭敬敬地放在父亲坟头。那天阳光很毒。我看到那支烟无精打采地燃着，直至熄灭。

二女儿从省城赶回来。她带着她的丈夫和儿子坐了整整一夜的火车。她说她必须赶在父亲忌日这天回来，她说她要赶回来看看她受了一辈子苦的老父亲。她带回来很多父亲喜欢的食物，虽然父亲已吃不到了，却是她的一点心意。她哭了起来，她的眼泪将干燥的地面击起灰色的烟尘。

大儿子从北京赶回来。他带着他已经考上大

学的女儿。他带回来很多书，国内的、国外的，哲学的、文学的……那些书包装精美，价值不菲。他将那些书一本一本地烧掉，他说这些书可以陪伴父亲熬过在那边的孤单的日子。他跟父亲说了很多话，从中午直到黄昏，一刻也没有停歇。那些话他以前或许跟父亲说过，或许没有说过，可是现在，他希望他的每一句话，父亲都可以听到。

每个人都很忙，但每个人都请了假，尽管假是那样难请。他们请假，只为回来看看已故的父亲，看看隐在青山间的一座小小的土包，或者，只为对自己的内心有所交代。

我注意到他们的母亲没来。她将他们送到门口，就返回了院子。她杀了鸡，切了腊肉，将园子里的青椒、黄瓜和西红柿摘光，然后专心致志地为孩子们准备晚饭。她坐在小院里择菜洗菜，阳光安静地照在她的脸上，你绝对看不到她的悲伤。可是她怎么可能不悲伤呢？后来我知道，一年中的每一个月里，她都会去老伴的坟头，默默坐一会儿，然后默默离开。她在回忆他们在一起的大半生的日子吧？那些忙忙碌碌的、琐碎的、吵吵闹闹的，或者安安静静的日子。她的悲伤是连续的、散开的，而不是集中的、爆发的。我相信她会将这悲伤一直持续到她死去为止。

然后，待孩子们归来，一家人围坐在一起吃饭，忌日就过完了。就这么简单。

第二天，她仍然站到门口，送孩子们离开。她绝不远送，她知道送得再远，孩子们也是要回去的。他们有自己的生活——他们生活在自己的出生日与忌日之间。我们把这段过程叫作生命，叫作生存，叫作生活，一回事。

我跟她说：“您真有福气，三个孩子这样孝顺。”她听了，淡淡一笑，说：“可是老伴过生日时，他们却很少回来……他们在电话里说，‘祝老爸生日快乐’，就完了。他们总是那样忙……”

从她的眼神里我看不到任何不满，从她的语气里我听不到任何埋怨——这只是她对事实的一种复述。并且我相信，那时候，即使她的孩子们要回来，她和她的老伴也会阻止。他们忙。他们的事情远比父亲的生日重要。事实上生日真的并不重要。生命只有一次开始，那仅有的一次是在你出生的那天，而不是在你往后每年的生日那天。同样的道理，忌日也并不重要。生命只有一次结束，那仅有的一次是在你死去的那天，而不是在你往后每年的忌日那天。“过”生日和“过”忌日，不过是世人对于自己或者对于他人的一种仪式，甚至，一种形式。

可是我知道的是，生日是快乐的，忌日是忧伤的。你可以祝他们生日快乐，他们听得到，感受得到，触摸得到；他们笑着，讲着往事，吹了蜡烛，脸上抹满奶油，哼着歌，打着饱嗝，他们会在心里说："哦，又过生日了。"你们面对面坐着，可以愉快地交流。

可是忌日呢？你能祝他们什么呢？或许他们真的可以听得到——或许这仅仅是我们的一厢情愿——可就算他们真的可以听到，又能如何呢？你们面对面坐着，可是你所面对的，不过是一把清灰，或者是一个长满杂草的土包。你们的交流，不过是你的自言自语，你又能干什么呢？

说说你的生命吧！它自出生日开始，至忌日终止，中间，被切成很多个片段。切开一个个片段的是每一年的生日，是你来到这个世界的纪念日。那么这一天，你最需要感谢的人是谁？

当然，是你的父母。

人生的两个端点，一个承载着快乐，一个承载着悲伤。但无论是快乐还是悲伤，我们都应该感谢父母，是他们让我们能够体会这个世界的精彩。

只要七日暖

周海亮

几年前，我在市供暖公司上班，每天负责收取供暖费。我们这座北方小城，到冬天，家里如果不通暖气，似乎连空气都能结成坚冰。

那年冬天来得特别早，仿佛秋天刚过一半，就到了隆冬。那个下午，在窗口前等待交费的人排成长龙。我注意到一个男人，他总是在轮到他的时候，就站到一边，独自待一会儿，似乎后悔了，再从队尾排起，等再一次轮到他，他又站到了一边，待一会儿，再一次回到队尾。好像，他想跟我说什么，却总也开不了口。

临下班的时候，整个交费大厅终于只剩下他。我问："您要交费吗？"男人说："是交费，是交费。"声音很大、很突然，语速夸张地快，似乎一下午的勇气和力气全都集聚在一起了。

我问他家庭住址，他急忙冲我摆手。"不忙不忙，"他说，"先麻烦问一下，能不能只交八天的钱？"

我愣住了。心想，只交八天的钱，开什么玩笑？

他急忙解释："我知道这违反规定，我知道供暖费应该一次交足四个月。可是，我只想交八天的钱。你们能不能，破个例，只为我们家，供八天的暖气？”

男人五十多岁的样子，已经满脸皱纹，包括嘴角。那些话便像是从皱纹里挤出来的。每个字似乎都饱经了风霜，苍老且浑浊。

“可是为什么呢？”我迷惑不解。

“是这样的，”男人说，“我和我爱人下岗在家，还要供儿子念大学，没多余的钱交供暖费。其实不交也行，习惯了，也不觉得太冷。可是今年想交八天，从腊月二十九，交到正月初七……”

可是，一冬都熬过了，那几天又为什么要供暖呢？“因为过年吗？”我问。

“不是不是。”男人说，“我和我爱人，过年不过年的，都一样。那几天通暖气，因为我儿子要回来。他在上海念大学……念大三，两年没回家了……我也不知道他在忙些啥，打工忙，还是读书忙。不过今年过年，他要回来……写信说了呢，要回来……住七天……要带着女朋友……他女朋友是上海的，我见过照片，很漂亮的闺女。”男人断断续续地说着，眉毛却扬了起来。

“您儿子过年要回来住七天，所以您想开通八天的暖气，是这意思吧？”我问。

“是的是的。”男人搓着手，有些不好意思。“他回家住七天，我打算交八天的暖气费。家里太冷，得提前一天升温，否则他刚回来，受不了的……我算过，按一平方米每天一毛钱计算——是这个价钱吧今年——我家五十八平方米，一天是五块八毛钱，八天，就是四十六块四毛……错不了。”男人从口袋里掏出一小摞钱，推给我。“我数过的，”男人说，“您再数数。”

我盯着男人的脸。男人讨好地冲着我笑，又怯怯的。那表情极其卑微，为了他的儿子，为了八天的供暖费。

当时我极想收下这四十六块四毛钱，非常想，可是我不能。因为不仅我，连供暖公司，也从来没有遇到过这样的事。

于是我为难地告诉他，我得向上面请示一下。因为没有这个先例。这件事，我做不了主。

“那谢谢您。”男人说，“您一定得帮我这个忙……我和我爱人倒没什么，主要是，我不想让儿子知道，这几年冬天，家里一直没通暖气……”

我起身，走向办公室。我没有再看男人的脸。不敢看。

最终，公司没有收下男人的钱，暖气自然也供不了。原因很多，简单的，复杂的，技术上的，人手上的，制度上的，等等。总之，因为这许多原因，那个冬天，包括过年，我想，男人的家，应该冷得像个冰窖。

后来我想，其实这样也挺好。当他的儿子领

着漂亮的女朋友从上海回来，当他发现整整一个冬天，他的父亲母亲都生活在冰窖似的家里，也许，那以后，他会给自己的父母，比现在，多出几倍的温暖吧！

小时候，父母的爱是陪伴。长大后，父母的爱是沉默。

第三辑　饭，吃不下去就回家

她站在黄昏里和我乘坐的小客车渐行渐远，她说：“阿识，饭吃不下去就回家。”声音忽远忽近。

回不去的故乡

顾晓蕊

春日的一个夜晚，看吴冠中的画，是一组关于树的。

黑瓦白墙的屋舍，房前房后种有树，几抹乱红，繁花点点。抑或是低矮的院墙外，种有数行青竹，竹高而直，青碧喜人。到处充盈着绿意，那一汪汪绿，似是要从树干上、枝叶间流淌出来，淌入人眼里，淌到人心里，淌进乡人的酣梦里。村外一条清碧明澈的小河，终年潺潺流淌，环绕护佑着宁谧的村庄。

这般水墨浸染的村庄，曾浮现在我的梦中。

在一棵树的召引下，沿着一缕花香，我又回到故乡。然而，令人唏嘘感伤的是，如此美好的情境，只可在梦中寻得。

少小离家，我游走在不同的城市，故乡已淡出记忆。尤其近年来，祖父母相继离世，回乡的次数就更少了。

按乡下的风俗，“早清明，晚十一”，父母会在清明前回乡扫墓。以往父母想到我忙，并不勉强我随行；我也嫌路上颠簸，便找理由推脱。而今年父亲打来电话，话语中有不容拒绝的坚定。

长途车驶进县城后，拐到一条坑洼的土路上。车颠得很厉害，拥挤的车厢中飘浮着一股咸湿难闻的气息，我有些晕车，胃里一阵翻涌。我朝车窗外望去，目光追赶着田间几株稀落的杏花。终于下了车，在岔路口等三轮车时，父亲回头深望我一眼，说：“你来领路吧！”我四下眺望，一时愣怔在那儿，不知该往哪边走。人至中年，却不认得回乡的路，我不免伤怀，颇有些尴尬。

“我和你妈年岁大了，记性已不如从前，说不定以后回来，就全靠你带路了。唉……”父亲的叹息极轻，却似一阵风，在我的心湖上荡起细小的涟漪。

我一脸羞赧地望去，父母的鬓间掺杂了不少白发，恍若秋日苇塘中的芦花。为掩饰自己的窘迫，我低声辩解道：“回老家的次数本来就少，车厢里气味难闻，又颠得七荤八素的，哪还顾得上记路。”

当然，这是借口，连我自己也觉得牵强。还有句没说出口的话，那便是记忆中的故乡，已沦陷在时光深处，一切都变了模样。

中原腹地有个叫竹园的村子，是我的衣胞之地。村中的孩子们，一茬一茬地长大，之后逃离故土，到城市中去寻梦。而今它与附近的村庄，有愈来愈相似的面孔，像一位老人沟壑遍布的憔悴的脸。

这不是我童年的那个村庄，我曾一次又一次地，透过被岁月淘洗的记忆，以及父亲散乱的回忆，试着去打碎、拼接、还原，一个真实的有温度的故乡。

在记忆里，树是村庄的灵魂。家家户户院里种有桃树、杏树、石榴树、樱桃树等，墙角植有青竹。院落之间但凡有点空地，都被栽上泡桐树、洋槐树、杨树、榆树，村后还有一大片青茂的竹林。“风吹梅蕊闹，雨红杏花香”“窗前一丛竹，青翠独言奇”“砌下梧桐叶正齐，花繁雨后压枝低”……生长在古诗中的树，跟乡村的树是一样的，只是村民们并不知晓它们已被吟咏千年。

我家老屋的门前，种有一棵杏树，一棵桃树。父亲是位军人，常年驻守海岛，这两棵树是他在我和弟弟出生后，回家探亲时栽下的。在母亲温柔目光的抚摸下，它们不断地抽枝绽叶，只几年工夫，就超过了我的个头。春天来时，杏花落了，桃花开了，小院的春天是醉人的。

听父亲说起过，早年乡下有土匪出没，为防乱世遭劫，村子四周筑有寨墙，墙外挖有护村河。再后来寨墙被拆毁，十几米宽的壕沟还在。从我隐约记事起，春长雨水多。雨一旦下起来，跟天漏了似的，淋淋沥沥的，得下上一两天。水肆意地流淌，护村河沟、村里的大坑、田间的水渠，都溢满了水。村庄被水分隔开来，成为汪洋中的一个个小岛。

我家前面有个大坑塘，水总是满的。有一年父亲休假归来，在塘里种上了荷花，第二年春暮夏初，青碧的荷叶挤了半塘。母亲常到塘边洗衣服，棒槌一下下地用力敲着。塘边有株粗大的紫藤树，紫藤花盛开时，远看宛如一片紫云。我喜欢坐在藤条上荡秋千，仰头向上看时，觉得好似荡进了云彩里。

在树的护佑下、水的滋养下，村庄古朴中透出几许灵气。春日的清晨，村民在鸟儿的啁啾中醒来，去往田间劳作，待到傍晚时分，他们蹚着花香缓缓归来。这时放牧的孩子也回来了，他们会缠着大人，去河沟里、水渠里叉鱼。有水的地方，自然有鱼。洗好的鱼用清水煮了，放点盐、葱花。熬得泛白的清香鱼汤，就着灿黄的苞米面饼子，就是一顿美餐了。

乡里人的心，是简朴而天真的。到田地里去

做活，屋门从不上锁，没听说谁家丢过东西。做饭时，发现少盐缺醋，便去邻家借来。飘荡在村庄上空的炊烟也如人一般，有天然的亲近感，在相互凝视中袅袅起舞，或干脆纠缠在一起。

不知从何时起，“树绕村庄，水满陂塘”的景况一去不复返了。成片成片的竹子被砍掉，村中大树多被齐腰砍断，壕沟水渠填上了土，坑塘中的水也干涸了。记得前几年回乡时，我绕塘而行，怎么也找不到那片紫藤花云。我感到有些恍惚，这使得原本就稀薄的童年记忆，兀然可疑了起来。

炊烟远去了，灶台被燃气灶取代，面对一大桌的饭菜，却再也品不出故乡的味道。牧童不见了，落日斜晖，坡上老牛，成了美丽虚幻的剪影。村中的青壮年大都外出打工，有人用攒下的钱，在村中盖起气派的两层小楼，红漆木门上挂着把沉重的大锁。他们脚步匆匆地来去，将空荡荡的房子，以及漫无边际的孤独留给老人和孩子。

那天，我最终还是紧随在父母身后，回到了故乡。老屋已然苍老，院内静立着一株杏树，并非早年的那一株，却带着熟稔的旧日气息。有风吹来，片片杏花落，花飞如雪。我伫立在树下，凝望着一地单薄清软的花瓣，心里充溢着难言的深深的忧伤。

或许多年前那个夏日，当我扯着母亲的衣襟，踏上北去的列车时，这样的结局就已注定。

故乡之所以令人难忘，是因那里的山石草木，见证过一段山河岁月，跟一个人的精神成长有着某种隐秘的联系。而今记忆就这么断裂了，回不去了，再也回不去了，故乡已消逝在岁月的拐角处。

回不去的不是故乡，而是已经逝去的童年时光，那是我们记忆里珍贵的一页。

故乡，瓜棚上面的星星月亮

倪西赟

时常怀念故乡，怀念瓜棚上面的星星月亮。

故乡家门口，有一块菜地。每年开春，一阵阵微风吹软土壤，一阵阵细雨润酥大地，父亲便开始了翻土耕种。父亲脱了鞋，赤脚踩在新鲜的土壤里，脚心凉凉的、痒痒的，舒服极了。三两只麻雀，不怕人，它们翻飞着落在父亲翻过的新鲜土壤上，叽叽喳喳地叫着，不时地啄着泥土，翻找着泥土里的小虫。

父亲在菜地里种茄子、芹菜、韭菜，还在菜地的一角用竹竿、木棍搭了几排长长的架子，架子下种豆角、种黄瓜、种南瓜、种葡萄……只要能爬上架的植物都种。

三月，万物复苏；四月，阳光开花。地里的种子开始像春雷一样炸开，迫不及待地把湿润的土壤顶起一个个小伞盖。不久，便长出几片嫩嫩的鹅黄的叶子；再不久，瓜苗又长到两根手指头长了……那些瓜苗，转眼间就长大了。它们顺着瓜架，伸着柔软的触角，使劲向上爬，呼啦啦爬到瓜架上面。它们贪婪地霸占着自己的领地，甚至缠绕在一起。

最享受的时刻，是在瓜棚下面看夜空中的星星和月亮。初夏的晚上，孩子们最喜欢玩的游戏是捉迷藏。别人躲在柴火垛后或小柴房里，而我却偷偷躲在门前的瓜棚地里。身子下面是厚厚的瓜秧，我还扯一些瓜秧盖在身上，任其他孩子如何呼唤，都装作听不见。我静静地躺在瓜棚地里，闻到了瓜秧幽幽的清香。

慢慢睁开眼睛，我从瓜秧的缝隙看到了瓜棚，我从瓜棚的缝隙，又看到了夜空中的星星月亮。墨蓝墨蓝的夜空中点缀着琉璃色的群星。满天的繁星，像洒满银河的珍珠。星星在天空不停地眨着眼睛，你看它时，它也在看你。它仿佛在说：“嘘，别出声，我帮你站岗。”

月亮，清清爽爽的月亮，轻盈地从瓜棚的这个缝隙，移到那个缝隙，看起来不动声色。

在月亮亮起来的时候，星星就黯淡下去了；在月亮被云层遮住的时候，四周的星星就亮起来了。月亮在云层里穿梭，星星在云层的背后眨着眼睛。夜空，在星星、月亮和云层的配合下，是多么的美妙！

我也喜欢在秋天的瓜棚里看夜空里的星星和月亮。秋天，瓜果开始成熟，瓜棚架上，瓜果迅速抢占着每一寸领地。它们你不让我，我不让你，站在最耀眼的位置上炫耀着自己。没有抢占到位置的，只能从瓜棚架上掉下来，在微风中荡着秋千。此时，有蝴蝶在瓜果间、在瓜棚间，飞来飞去，缠缠绵绵；有鸟儿从黄昏的暮色中翩翩飞来，聚集在瓜棚架上，用婉转美妙的语言歌唱，像是在开一场音乐会。

秋天的夜晚，有些微凉，在瓜棚里那块凉席下面，父亲垫了一层稻草。很多个晚上，父亲就睡在瓜棚下面——不是为了看贼，而是好睡觉。我也从家里抱来一个软枕头，和父亲一起躺在上面。一条老狗，毫无戒备地蜷缩在瓜棚的一角。

仰望天空，我从瓜棚的缝隙里，又看到了星星和月亮。秋天的月亮，分外皎洁。它又大又圆，在四季里最饱满。

在没有月亮的夜晚，满天的星星，就像迷人的萤火虫，在遥远的夜空行走。我常常听着虫鸣、数着星星，不知不觉地睡去。在黎明醒来的时候，还能看到月亮挂在西山柿树的枝头，但它已经融化成了薄薄的一片。

冬天，在瓜棚下面看星星月亮，更是别有一番滋味。冬天，瓜架上的瓜果早已不知踪影，只有那瘦弱枯萎的瓜藤，紧紧缠绕在瓜架上。那绿油油的叶子早已枯萎，凋零为地上的尘土，偶有几片枯叶，始终坚守，在寒风中唱歌。

冬天的夜晚，冷清而又让人清醒。夜深人静，踩着干硬的土壤，来到瓜棚下面，找个木凳坐下来，远望或抬头看，你一眼就看到了星星和月亮。冬天的夜空，深邃而寂静；星星在夜空中格外精神，一个个探着小脑袋，贼亮贼亮。

月亮，更是奇妙，它从一个小小的月牙，慢慢长成一个丰满的圆，又从一个丰满的圆，变成一个小小的月牙。最后在云里面，在山那边，在海那边，不见了。

“手可摘星辰”，冬天的星星月亮，是离我们最近的吧。

怀念故乡，怀念故乡瓜棚上面的星星月亮。

酒是家乡好，月是故乡明。每一个人都有一个关于故乡的记忆，像是一场梦境。在那里，有爷爷爽朗的笑，还有漫天的繁星，那是一生都不会忘记的地方。

小时候的鬼样子

梅子涵

只有游戏

我小时候没有理想只有游戏。

我做过的一个游戏就是当医生。

我给楼里的所有人看过病，假的搽红药水，假的打针，用假的听诊器听，假的配药，但是让人家张开嘴巴“啊啊”是真的。我把假的红药水、假的针、假的听诊器、假的药全部装在一只真的小皮箱里。真的小皮箱是爸爸真的送给我当假的医生的。后来我不当医生了，而是致力于打弹子、用弹弓打麻雀、抓一只小猫回来喂它吃鱼……

小时候我没有理想，只有一个接一个的游戏。

我想起来，但是我假的当医生时，忘记了应该假的挂号、假的让人家付钱、假的在“病历卡”上写他们生了什么病……我没有全部是假的。

秘密喜欢

我小时候喜欢女孩子就是不好意思跟她说话；我小时候喜欢女孩子就是看见她便想绕道溜掉；我小时候喜欢女孩子不是一直会想到她的，玩的时候就忘记了；我小时候喜欢女孩子没有想到手拉手在路上走的事，没有想到让她当老婆的事；

我小时候喜欢女孩子，走过她家门口时，的确会抬头看一看她家的窗子；我小时候喜欢女孩子，要搬家了，没想到要去跟她说“再见了”；我小时候喜欢女孩子竟然是分别了再见到，连“你好”也不说，一句话都没说，像不认识一样，因为她也没说；我小时候喜欢女孩子别说去偷偷塞张纸条了；我小时候喜欢女孩子只可能有我自己知道，秘密的。

没有放过风筝

我小时候没有放过风筝。我不知道为什么。是没有人为我做风筝吗？是我自己没有学着做风筝吗？451弄院子里有一个很大的草坪，我总是站在草坪上看人家放风筝。看风筝在那么高那么远的天空上飘，慢慢飘，慢慢飘。

长大以后，看见别人放风筝，我想起来，小

时候我怎么没有放过风筝？是没有人为我做风筝，还是我自己没有学着做一只风筝？我总是站在草坪上看人家放风筝，风筝在那么高那么远的天空上飘，慢慢飘，慢慢飘。

我应该是放过风筝的。

棒冰故事

我们小时候在夏天才吃棒冰。不到夏天的时候是不吃的。不像现在的小孩，有的人几乎一年吃到头。当然他们不是吃棒冰，棒冰就是冰棍儿，他们是吃冷狗、曼丽克、绿宝石、乔伊娜……我叫不出了，名目太繁多，年年新花样。

我们那时只有棒冰和雪糕。棒冰四分钱一根，雪糕八分钱一根。我们是吃棒冰，因为棒冰四分钱一根。

那是每天下午的事。每天下午外婆从口袋里

掏出四分钱，我奔到院子的大门口去买棒冰。那真是一个有点隆重的时刻。

卖棒冰的人在喊："光明牌棒冰光明牌老牌棒冰，光明牌棒冰吃哦光明牌赤豆棒冰……"他们一边喊一边用一块木头敲木箱子。他们的喊声和敲声堪称夏天马路上的第二大声音了。第一大声音是知了叫。

"买棒冰！"我有点激动地说。

我喜欢吃赤豆棒冰，第二才买绿豆棒冰，没有赤豆和绿豆才买橘子的。我把钱放到卖棒冰的人手里时，总是说："赤豆多点哦！"

吃棒冰是不咬的，而是慢慢嘬。咬是大人的做法，一根棒冰几口就咬光了。我们小人儿是竖着嘬，横着嘬，一直嘬到棒头上只剩下很小一块了，才咬掉——最后还要把棒头嘬一嘬。

真正吃棒冰的过程只有小孩享受得到。

慢火车

小时候乘火车我喜欢火车开得很慢。火车开得很慢老是停，这使我乘在火车上的时间就长了。我喜欢乘在火车上的时间长。乘在火车上的时间长，那么乘火车的感觉就长了。我喜欢乘火车的感觉长，所以就喜欢乘在火车上的时间长，所以就喜欢火车开得很慢了。我这样说话是不是显得挺啰唆的，但我的意思你一定明白，弄不好你也是这样的。

我喜欢看到列车员拎着水壶来泡茶。

我喜欢看到卖东西的小车从车厢那头推过来。

我喜欢看到火车停下时月台上有东西卖。

地下党党员

小时候，我想过一个办法，爸爸妈妈在家的时候，我就在窗口插一面小旗帜，同学就不来玩了。爸爸妈妈不在家的时候，我就不在窗口插一面小旗帜，同学就可以到我家来玩了。

这个动作被发现了。妈妈说：“你这是搞地下活动哦，地下党党员嘛！”

爸爸说：“你的动作倒蛮多的，蛮多的！”

我说：“这有什么办法，人家来玩，你们要说：‘烦死了！’”

妈妈说：“很好，就这样，我们在，你就插旗帜，我们不在，你就别插旗帜。”

爸爸说：“同意同意，我们在，别来烦，我们不在，你们去烦好了。”

那是一面小的布旗帜，我做的，当然是红的。

透明茶杯

小时候的火车上每个人都有一杯茶。列车员端着送到你的桌上。那是透明的茶杯，透明的茶杯上有个透明的盖子。

一杯透明的绿色的茶。

车厢里没有拥挤不堪。恰到好处，井井有条。火车在开着。

火车上一个有透明盖子的茶杯里的茶是我对童年火车的诗意的记忆。那真是一种安详的旅行的记忆，诗意的旅途。

小时候我总是跟着我的外婆乘火车的。

我的外婆去世了。

我讲着这一切的时候，犹如又在那时的火车里了。我在外婆的身边。

我靠着外婆。

鸽子和鸟

小时候的事也有许多根本就记不住。譬如，我就忘了自己曾经什么也不懂。

对门的长脚鹭鸶爷爷对我说：

“你们家搬来的时候，你还说鸽子是鸟鸟，不是鸽子。有一次，天上飞过几只鸽子，你对它们招招手说：‘来，鸟鸟。’可是它们飞走了。你哭起来：‘我要鸟鸟嘛！’我说：‘不要哭，以后爷爷送一只鸽子给你。’你说：‘我不要鸽子，要鸟鸟！’我说：‘刚才飞的就是鸽子，鸽子也是鸟鸟，麻雀、燕子都是鸟鸟。’你不哭了，说：‘爷爷给我一只鸽子，我要鸽子。’”

…………

鸟儿叫的时候

鸟儿叫的时候，我打开窗，眼睛直朝树上找。爸爸说：“你做功课太不认真了。”

空中的飞机正在飞过来，我从窗子望出去。妈妈说：“思想集中点，功课要做错的。”

鸟儿叫的时候，我不打开窗，认真做功课，但心里在想，鸟儿在哪棵树上叫？

空中的飞机正在飞过来，我没有伸头朝天上望，专心做功课，但脑子里在想，这架飞机是飞到外国去的，还是不是飞到外国去的？

吃面

我们那时口袋里只有一角钱、两角钱。在有一角钱两角钱的日子里，我们放学了去小店吃面。

阳春面是八分钱一碗，八分钱买一碗阳春面！

我们倒瓶里的醋，我们加碗里的辣糊。在口袋里有一角钱两角钱的日子里，我们放学了就这样去小店里吃一碗面。

我们没有相约，只是走出校门时说一声：“去吃面吧，走走走。”

雪团打在胡子上

小时候在马路上走，不喜欢走，喜欢奔。

小时候在马路上走，大人看上去都好高，我是个小矮子。

小时候在马路上走，看见一个可以藏起来的拐角，就躲在那里，对走过来的同学说：“不许动！”

小时候在马路上走，老要蹲在马路边的小摊前苦苦地望，可是没有钱买玻璃弹子和香烟牌子；不止一次在马路上捡到钱，但是没有买玻璃弹子和香烟牌子，交给十字路口的警察叔叔了。

小时候在马路上走，春天，折断过嫩绿的柳条；夏天，跳起来，拍下正飞的蜻蜓，还想捉一只在叫的知了，但是，树太高；秋天，不懂落寞，踩着的树叶，声音是脆的，踩了一片，又踩一片；冬天，啊哈，汽车不能开了，地上有好厚的雪，我们打雪仗，雪团打在一个老爷爷的白胡子上。

无忧无虑的童年最值得留恋，纯真、快乐，不为生活的烦恼所扰，这应该是记忆里最快乐的时光吧。

爱的回音壁

毕淑敏

现今中年以下的夫妻，几乎都是一个孩子，关爱之心，大概达到了中国有史以来的最高值。家的感情像个苹果，姐妹兄弟多了，就会分成好几瓣。若是千亩一苗，孩子在父母的乾坤里，便独步天下了。

在前所未有的爱意中浸泡的孩子，是否物有

所值，感到莫大的幸福？我好奇地问过。孩子们撇嘴说：“不，没觉着谁爱我们。”

我大惊，循循善诱道：“你看，妈妈工作那么忙，还要给你洗衣做饭，爸爸在外面挣钱养家，多不容易！他们多么爱你们啊……”

孩子很漠然地说：“那算什么呀！谁让他们当爸爸妈妈呢？也不能白当啊，他们应该的。我以后做了爸爸妈妈也会这样。这难道就是爱吗？爱也太平常了！”

我震住了。一个不懂得爱的孩子，就像不会呼吸的鱼，出了家庭的水箱，在干燥的社会上，他不爱人，也不自爱，必将焦渴而死。

可是，你怎样让由你一手哺育长大的孩子，懂得什么是爱呢？从他的眼睛接受第一缕光线时，他已被无微不至的呵护包绕，早已对关照体贴熟视无睹。生物学上有一条规律：当某种物质过于浓烈时，感觉会迅速迟钝麻痹。

如果把爱定位于关怀，随着孩子年龄的增长，对他的看顾渐次减少，孩子就会抱怨爱的衰减。“爱就是照料”这个简陋的命题，把许多成人和孩子一同领入误区。

寒霜陡降也能使人感悟幸福，比如父母离异或是早逝。但它灾变的副产品，带着天力人力难违的僵冷。孩子虽然在追忆中明白了什么是被爱，但那却是一间正常人家不愿走进的课堂。

孩子降生人间，原应一手承接爱的乳汁，一手播撒爱的甘霖。爱是一本收支平衡的账簿，可惜从一开始，成人就不断地倾注了所有爱的储备，劈头盖脸砸下，把孩子的一只手塞得太满。全是收入，没有支出，爱沉淀着，淤积着，从神奇化为腐朽，反让孩子成了无法感知爱意的精神残疾。

我又问一群孩子：“那你们什么时候感到别人

是爱你的呢？”

没指望得到像样的回答。一个成人都争执不休的问题，孩子能懂多少？比如你问一位热恋中的女人，何时感受被男友所爱？回答一定光怪陆离。

没想到孩子的答案晴朗坚定。

“我帮妈妈买醋来着。她看我没打了瓶子，也没洒了醋，就说：‘闺女能帮妈干活了……’我特高兴，从那会儿，我知道她是爱我的。”翘翘辫女孩说。

“我爸下班回来，我给他倒了一杯水，因为我刚在幼儿园里学了一首歌，词里说的是给妈妈倒水，可我妈还没回来呢，我就先给我爸倒了。我爸只说了一句‘好儿子’，就流泪了。从那次起，我知道他是爱我的。”光头小男孩说。

“我给我奶奶耳朵上夹了一朵花，要是别人，她才不让呢，马上就得揪下来。可我插的，她一直戴着，见着人就说：‘看，这是我孙女打扮我呢！’从这事，我知道她是爱我的……”另一个女孩说。

我大大地惊异了。讶然这些事的碎小和孩子铁的逻辑。更感动于他们谈论时的郑重神气和结论的斩钉截铁。爱与被爱高度简化了，统一了。孩子在被他人需要时，感到了一个幼小生命的意义。成人注视并强调了这种价值，他们就感悟到了深深的爱意。在尝试给予的现时，他们懂得了什么是接受。爱是一面辽阔光滑的回音壁，微小的爱意反复回响着，折射着，变成巨大的轰鸣。当付出的爱被隆重接受并珍藏时，孩子终于强烈地感觉到了被爱的尊贵与神圣。

被太多的爱压得麻木，腾不出左手的孩子，只得用右手，完成给予和领悟爱的双重任务。

天下的父母，如果你爱孩子，一定让他从力

所能及的时候，开始爱你和周围的人。这绝非成人的自私，而是为孩子一世着想的远见。不要抱怨孩子天生无爱，爱与被爱是铁杵成针百年树人的本领，就像走路一样，需反复练习，才会举步如飞。

如果把孩子在无边无际的爱里泡得口眼翻白，早早剥夺了他感知爱的能力，育出一个爱的低能儿，即使不算弥天大错，也是成人权力的滥施，或许会遭天谴的。

在爱中领略被爱，会有加倍的丰收。孩子渐渐长大，一个爱自己爱世界爱人类也爱自然的青年，便喷薄欲出了。

父母给予孩子爱的同时更应该让孩子学会如何去播撒爱，这样待他们成人之时才会更懂得自己的价值。

饭，吃不下去就回家

胡　识

每逢村里有红白喜事，东家便会早早地打上几锅卤子面，然后又挨家挨户叫邻里乡亲去吃。当然，东家做的不仅有卤子面，还有芝麻果。芝麻果在我的故乡被喊作麻子果。将蒸熟的糯米饭放在石臼里反复敲打，然后捏成一个个小球球，再将它们拌上一层糖和芝麻。吃完东家的一碗热腾腾的卤子面，再来几个芝麻果，这样一顿丰盛的早餐滋养着一代代故乡人。

我不知道故乡的卤子面开始于哪个年代，在最为深刻的记忆里，我那九十岁高龄的曾祖母在年幼时就喜欢它，最终也是吃完一大碗卤子面后于某个大雪纷飞的日子离开了尘世间。曾祖母曾说，卤子面的一半是清真，另一半是厚重，它像极了每一个故乡人。

故乡人的早餐桌上没有五谷杂粮、馒头包子，也没有牛奶面包，经常有的也只是稀饭和酱干，偶尔有的当然是属我最为喜欢的米粉和卤子面了。

打卤子面需要一些鲜美的作料，用乡亲们的话来讲："昔日里吃剩下的鱼哦、肉哦、骨头汤哦，留到明早打一大锅卤子面哦，肯定好吃得不得了。"可对于并不富裕的故乡人来说，能餐餐吃上鸡鸭鱼肉似乎是不太现实的，尤其是故乡人总习惯把剩菜留到第二天下饭，他们不习惯把剩菜一次性吃完。所以说，能在家里看到妈妈打一锅热腾腾卤子面的机会实在是太少了。于是，故乡的孩子总是睁大眼睛，竖起耳朵，踮起脚翘首期盼，他们巴不得村里每天都有红白喜事。

卤子面在我的记忆中有着一段安详的岁月。我九岁学会了烧菜，十岁学会了打卤子面。我家翻修老屋的那年冬天，我给几十个师傅打了一锅热气腾腾的卤子面。他们穿着厚厚的棉衣，蹲在矮矮的屋檐下，一边大口大口地扒拉着碗里的面，一边竖起大拇指，铆劲儿地冲我笑：“这娃，真了不得！”

我上初中那三年，在学校吃得最多的也是卤子面，一块钱一大碗，偶尔她还会往我的碗里扔一两个馒头：“阿识，馒头蘸卤子面才是天底下最好吃的饭！”我对她眨眨眼，然后把头埋进了碗里。

她和我同窗九年，我们因为都喜欢一碗卤子面而成了彼此的心灵支柱。每当我遇到困难，她总能恰到好处地打来电话安慰我说：“阿识，城里的饭吃不下去，就想一想我给你打的第一锅卤子面吧！”

那年，我要去城里上大学。临行的前一个晚上，她特意约我去她家，为我打了一锅卤子面。

直到今天，我也无法用语言形容那锅卤子面。她的父母重男轻女，她没有继续上高中，便留在了故乡，而我却生活在一座我并不喜欢的城市。我的城市没有卤子面，没有她，也没有故乡，只剩自己。

她打来电话告诉我，她要结婚了，而且她出嫁的那天，她家会打好几锅卤子面请村里的所有人来吃。我的眼睛一下子变得湿漉漉的。

我为她第九次流泪是在她生日那天，她趴

在小客车窗口问我去了城里会不会忘了她，还有故乡的卤子面。我没有说话，只是扭过头，泣不成声。

她站在黄昏里和我乘坐的小客车渐行渐远，她说："阿识，饭吃不下去就回家。"声音忽远忽近。

每个人心里，总有那么一个人，在某个时间段里与你相依为命，然后失散在人海里互相牵挂。

幸福家庭的姿态

孙道荣

偶然在网上看到一组全家福照片。与我们看惯了的全家人端端正正地坐在一起，或拘束地站成一排或几排不同的是，这组照片中，有好几张甚至连人脸都没有在画面中出现。他们是谁？长得什么样？完全看不到。但每一张照片又都让人莞尔。一个个幸福的家庭，一张张幸福的笑脸，跃然电脑屏幕上。

印象最深刻的是这样一张照片：整个画面中，只有三只叠在一起的手。最粗壮的那只大手，显然是爸爸的；中间细腻的手，则是妈妈的；而最前面那只胖嘟嘟的小手，不用说，是这个家庭可爱的宝宝的。

爸爸妈妈的无名指上都戴着婚戒，两只大手，呵护着掌心里的小手。背景是橘黄色的暖光，让人心生暖意。你可以由此想象出很多日常生活中温馨的画面。我们用手创造生活，也用手相互抚慰，相互支撑，相互依恋。

另一张照片，是一家四口站在台阶上，看不到面部，只有身体。最显眼的，是四个人穿在脚上的鞋。站在最前面的爸爸和站在后面的两个男孩脚上穿着的，都是长筒雨靴，而妈妈，则穿着单皮鞋和黑色的丝袜，手里拎着黑色的手提包。

我在想，是爸爸带着他的两个儿子，刚刚从池塘边捕鱼归来，还是他们才浇灌了屋后的花园？是妈妈刚刚从商场为他们买回了生活用品，还是听到他们的声音，微笑地走出屋，迎接她的三位勇士？他们的生计也许有点艰辛，但这丝毫未能改变他们对于生活的信心。

有一张照片，特别震撼，是一家三口手拉着手的背影，他们的面前，是黑色的天空，以及闪烁的星团。他们在暗夜中仰望流星雨。天际如此之大，壮阔无际，人显得如此渺小。可是，在浩瀚的宇宙之中，正是因为有了你，有了我，有了他，有了一个个虽然微小，却恩爱相持的家庭，世界才如此绚烂，如此精彩。

我们手拉着手，我们肩并着肩，我们互相依偎，彼此温暖，人生才不会孤单。一个家庭，就是天空中一颗闪耀的星星，而千万个星星，就是世界，就是宇宙。

艺术感最强的，是一家五口的面部侧影。爸爸、妈妈、三个孩子，侧着脸，排成一条纵线，眺望着同一个方向，同一个高度。有意思的是，他们的脸型如此相似，几乎是一个模子刻出来的。他们微笑的表情，一样轻松，一样淡定，也一样有趣。他们眺望哪里？他们看到了什么？我无法知道。但可以肯定的是，他们看到了一样的景色，一样的生活，一样的未来。

没有一张全家福是正襟危坐的；也没有一张全家福，表情是僵硬地挤出来的；甚至有好几张照片，是压根儿没有脸部的。它们，有点抽象，有点夸张，有点搞笑，甚至有点无厘头，一点儿也不标准。但是，它确实是一张全家福，是一个家庭的合影，是一个家庭生活的某个侧面，某个瞬间，某个细节的定格，是最真实的记录。虽然甚至都看不见他们的脸，但我读出了他们的幸福和快乐，那是一个家庭，是每个成员的幸福和快乐。

如果你的心是愉悦的、满足的、温暖的、幸福的，那么，你的手、你的脚、你的眉毛、你的头发、你的眼神、你身上的每一寸皮肤，甚至你水中的倒影和暗夜中的背影，也一定都是愉悦的、满足的、温暖的、幸福的。这就是幸福家庭的姿态。

人若失去了家的温暖，便会在广大的宇宙间冷得发抖。

夜行驿车

商艳燕

儿时随父母由南向北由北向南地穿梭，在故乡与北方小城间往返。

对于一个年幼的孩子来说，故乡里没有乡愁，有的只是一条长长的铁轨。铁轨上穿行着长长的绿皮火车，以及火车上说不清的快乐抑或寂寞。

记忆最终总会将时光凝固成一些瞬间，仿佛

那就是生命里曾经的全部。

北京是中转站，每次从小城到北京，从北京到小城，在车上颠簸时仿佛都是深夜，然而那样的夜是不需睡眠的。火车仿佛被涵洞大口吸进腹中，咆哮着闯进夜的另一种形式，两侧是微微发黄的灯光。它们似乎已习惯了这样风一般掠过，也习惯了这样急速的相遇与别离。我想它们的寂寞一定是重重叠叠的，与岁月有关，却又与岁月无关。

军人父亲的面庞是如此年轻，在灯光一明一灭的闪烁里，他的温情尽显无余。父亲奔向的是他的故乡，或者是客乡，而我们守在父亲身边，父亲就是我们的依靠，就是家的意义。60多个涵洞，全部穿梭完后已过去一个小时的时间，我们乐此不疲地数下去，每次都像是第一次在数。60个涵洞，60分钟，速度就这样狂热地吞噬了我们的童年，将那个年轻的父亲远远地丢在 20 世纪 80 年代的朴素里，将那稚气的孩子们丢在了一个又一个深邃的涵洞里。

一去不复返的岁月啊，仿佛夜行的驿车，耳畔依然有涵洞里的风，打搅了灯火的梦。

在一些单薄的快乐里，仿佛总是找不到姐姐的影子。她只比我大三岁，五岁时就拉着我和弟弟的小手去学校，放学后带我们去拔草，秋收时和母亲去队里收粮食。探亲的父亲向已经不记得他面容的我和弟弟张开双臂，姐姐却早已和母亲下地干活。在母亲的口中，姐姐被奶奶打，被姑姑欺侮，可是这些，我和弟弟统统没有承受过。那个过早承担苦痛的姐姐，却只是越长越坚强。来到北方小城后，夜行的驿车里，没有母亲和姐姐的画面，她们两个总是守在家里做活，把回乡的路留给父亲、我和弟弟。

然而关于大姐的记忆，或许是我这一生都不能淡忘的。从部队里出来的姐妹二人迷了路，一直走进很黑很黑的夜。姐姐背起我，我只是觉得困。最后她背着我走到一个军营，看到了灯光和一个年轻的哨兵。那时的我五岁还是更小？我记不清，只知道姐姐那么瘦小，却背着胖胖的妹妹走了很长的路。爸爸妈妈赶了一辆驴车来接我们，我恍惚躺在了母亲的腿上，身上盖着父亲的外衣。不知顺着怎样的路向回返，夜终于安全了，重重包围着我的眼皮。小毛驴踢踏踢踏地将地面踩出节奏，我恍惚看到姐姐的笑容在无边的黑夜里被泪水打湿。

我睡着了，身子在夜行的路上晃动，如涟漪在回家的路上肆意蔓延。

那个少年有着精致的面庞，或许是青春才有的光泽，我总是觉得难以直视。骑车时他故意捏闸，我感觉到他温热的后背触碰我羞涩的青春。他有一双巧手，也有一颗童心，和小孩子在一起时快活幽默，全然没有与我在一起的困窘。我想，爱孩子的男孩儿是错不了的，然而我们之间有着难以逾越的距离，我摇摆不定。我业余学了裁剪，有一次去北京参加展销会，我叮嘱他我归来时一定要来接我，然而归途时意外堵车，一堵就是一夜。那时没有手机，只能徒然地祈盼不论多晚他都可以等下去，并暗暗地想，如果他一直在等，那么我就不再犹豫。就那样在车上等待着前方的车辆疏散，夜一点点卷上来，又一点点退下去，而我们最终也没有缘分走在一起。

多年后相遇，各自在各自的命运里老去。我想起那段长夜，车停在某处决然不前，就像我们的缘分注定就此割断。

二月凛冽的冬，一日间却飞到南方湿冷的绿。

随先生到海南工作，飞机穿破云层，阳光原来躲在高处，可是落回地面时，依旧是连绵的雨。同乡来接我们一家，城市的僵硬被甩在车轮后，我看到两侧幽深的森林静默，原始的夜与现代生活仿佛两重天，一时间竟不知是梦是真。

数月后踏上归途，坐轮船过海，竟无丝毫晃动之感。船上灯火通明，如白昼，过了海却依然是长夜，又让人不知是幻是真。

我是一度不喜爱自己的城市的，或许是待得太久便生了厌倦。踏上海南路，我也一度是欣喜的，然而待得越久，我便越思念自己的城市。乡愁溢上来了，捂也捂不住。归家的夜车啊，第一次带给我这般纯粹的期盼。

偶尔会陪着先生带着孩子去看望县里的婆婆与亲戚。40分钟的车程，冬天回家时，看着天光早早地一点点暗下去，灯火点亮了长路，我总是不肯有短暂的休息。我喜欢望着车窗外不同的风景，任凭它们从我的眼前一点点消失，就像童年，总是睁大了双眼，感受着不一样的道路。我总是渴望抓住时光，渴望与夜行的驿车一样，摩擦着风。

许多相遇与别离，都是迅疾而易逝的吧；许多快乐与忧伤，也都是这样短暂却又悠长的吧。也许文字就是我夜行的驿车，载我奔向更多更远的明日阳光。每一个现在会成为过去，每一个现在也都会凝结成未来。我的夜行，我的驿车。

远在他乡的我们之所以会有乡愁，就是因为我们眷恋那份珍贵的亲情。

楼前的玉兰树

陈华清

每个人都有故事，连一棵树都有前生今世。

今年三月，因为整理一本散文集，我写了几篇回忆母亲的文章。

有一篇写到母亲和娘家楼前的玉兰树的故事，其中有一个细节写到玉兰树开花。在我记忆中，楼前的玉兰树是春天开花的，但有关资料显示玉兰树是六月到九月开花。为此，我特意回娘家，看看玉兰树，看看我看了多年的玉兰树。

三月的玉兰树没有开花，只有一树的碧绿，只有一树的回忆。

在20世纪末，娘家这幢楼建成后，一左一右两棵玉兰树就种在我家楼前，那是父亲和母亲亲手种下的。那时，他们一起挖坑，一起把树苗种下去，一起给小树培土。之后，又常常一起给小树浇水，锄草。他们把爱给了玉兰树，玉兰树也一定记住了他们恩爱的情景。

这十多年里，两棵玉兰树经历了沧桑，见证了生离死别。雷州半岛多得是台风，当玉兰树从一棵幼苗长到高过人头的时候，一场台风就把它们连根拔起。父母对玉兰树情有独钟，台风过后，他们又买来玉兰树苗，重新栽种。当玉兰树苗长到拳头那么粗的时候，又碰上台风肆虐，把右边那棵玉兰树拦腰折断。不用说，父母又买来树苗栽上。

左边的玉兰树长得很特别，在一米高处，长成两个大小相同的树干，变成“连理枝”。这让我想起白居易的诗句“在天愿作比翼鸟，在地愿为连理枝”，也让我想起黄山始信峰下那棵“连理松”。黄山的“连理松”传说是李隆基和杨贵妃的化身。去年，我在黄山，一看到“连理松”马上想起这棵玉兰树。

我不知道这棵玉兰树是哪对有情人变成的连理枝，我也不知道它的前生有着怎样忠贞不渝、生死相随的凄美故事。我只知道，它在我父母的精心培植下，已长成参天大树，有几层楼那么高了；我只知道，每年的春夏，它撑起满树洁白的花儿，引来鸟儿的叽喳，惹来蜂蝶的狂舞，还有路人啧啧的称赞。

母亲走后，右边的玉兰树在一场台风中折断了。痛失爱妻的父亲哭得死去活来，把对母亲的爱移到了玉兰树上。他补种了几次玉兰树苗，奇怪的是，没有一次成活。父亲叹口气说：“这玉兰树也懂人性啊，它的魂随你母亲走了，再怎么种都不会成活了！”他干脆不种树了，把空荡荡留给这个坑，后来，杂草来做伴，寂寞来相随。

在这条人来车往、热闹非凡的路上，这个杂草丛生的坑显得特别刺眼，也跟它背后豪华气派的高楼很不相称。只是玉兰树的魂没了，再种又有何意义呢?

玉兰树在四月开花了，五月，它的花更是繁茂、拥挤。昨天，我回到娘家，看到五月的玉兰花在风雨中脱落枝头，纷纷飘飞，像一只只飞舞的玉色蝴蝶。雨后，树上满是洁白的纯净；树下是满地苍白的叹息。“微风吹万舞，好雨尽千妆。”

这玉兰花就是凋落也凋落得如此美艳。

我上到当年住的三楼，从楼上看玉兰树，满脑子都是它当年满树飘香时，那些花香是怎样争先恐后地冲向我打开的窗户，扑进我的怀里，而我又是怎样的欢喜不已。玉兰树给我的何止是花香？那么多浓得化不开的亲情，那么多催人泪下的回忆。

那时，我喜欢诗歌，像诗一样美的玉兰花，自然香成一首首诗。

最喜欢明代江南才子文徵明的《咏玉兰》：“绰约新妆玉有辉，素娥千队雪成围。我知姑射真仙子，天遣霓裳试羽衣。影落空阶初月冷，香生别院晚风微。玉环飞燕元相敌，笑比江梅不恨肥。”霓裳羽衣舞是唐朝著名的舞蹈，至今其丽影仍不褪色。杨贵妃和赵飞燕是古代有名的美女，她们有着惊人的美貌和醉人的舞姿。她们的美貌、舞姿、神韵，跟怒放的玉兰花又是何其相似！在玉兰花飘香的季节，打开电脑的背景音乐，吟咏着这样的诗，浮想联翩，美不胜收。

往事如烟，我从这里搬出去住也有几年了，很久没有闻到花香时的激动了。我突然想到，这么多年，光是玉兰花给我飘香，而我从来没有为它做过什么。不知明天玉兰树又会是怎样的光景。我想到给它拍几张照片，留住它的倩影，留住芳香的记忆。

低处的玉兰花不多，高处的玉兰花发出一个个洁白的邀请，可惜我的手机拍不到。我进屋搬一把木梯子，跟父亲说，我要给玉兰花拍照。他连连说好，还争着帮我搬梯子。

我爬上木梯，父亲就在树下给我扶住梯子。他双手紧紧抓住梯子，生怕梯子不稳，还不停叮嘱我小心，别摔倒。父亲在树下，说这边的花多，拍这边；那朵花好看，拍那边。兴奋的语调，就像当年他跟母亲在树下看玉兰花时的情景。我很久没见他这么开心了。我用手机一连拍了好多张玉兰花，拍完高处的玉兰花，我从木梯上下来，又从不同的角度给玉兰树拍照。

站在远处给玉兰树拍全景时，我突然瞥见站在树下的父亲：消瘦不堪，形单影只。望着他孤零零的身影，我的心猛地一酸。母亲在时，我怎么没想到给他们在玉兰树下拍照呢？哪怕是一张也好！那时，他们常常在玉兰树下忙上忙下，那么多恩爱的画面我为什么没想到记录下来？

现在想到了，懂得了，却是天人相隔了，双不成，影何单！

但我还是说：“爸爸，您站在玉兰树下，我给您拍张照片。”他连连摆手说：“别拍，别拍。”他的目光掠过那个空荡荡的坑，刚才还有些笑意的脸马上变得凝重了。

他一定是想起，玉兰树的魂随母亲走了。

父母的爱情没有语言，

它藏在时光里，藏在那两棵

玉兰树的玉兰花里。